THE ART OF KIPPER READING

キッパー・カード入門 19世紀ドイツのカード占いの世界

アレクサンドル・マスラック 著

水柿 由香 訳

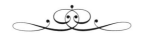

この本を書くように励まし続けてくれた、
大切なファンの皆さまへ。

目次

CONTENTS

キッパー・カードとは

ABOUT
THE KIPPER CARDS

　キッパー・カードは、占いのカードとして1890年にドイツで生まれました。デッキの絵柄から好景気に沸く当時のドイツの様子がありありと見て取れます。またこのカードがドイツ南東のバイエルン州で誕生したことがよくわかります。ルノルマン・カードと同じように、キッパーという名前は有名な占い師のマダム・スザンヌ・キッパーから来ています。けれども本当に彼女がつくったカードなのか、宣伝のために彼女の名前を使っただけなのか、定かではありません。カードの出版権は1920年にFX Shmidという会社に、1996年にAltenburger Spielkartenfabrikに渡っています。

アレクサンドル・マスラックのキッパー・オラクル・カード
ドイツ生まれのキッパー・カードをフランス流に改訂

主役を表す
人物カード

はじめに

❦ INTRODUCTION ❦

　キッパー・カードの不思議な世界にようこそ。著者のアレクサンドル・マスラックです。カード・リーディングを始めて23年になります。幼い頃（11歳）にトランプで占いをしたのが私のリーディングの始まりでした。タロット・カードを初めて見たのはジェームズ・ボンドの映画『007 死ぬのは奴らだ』の中です。ソリテアというドクター・カナンガに雇われたサイキックの女性が、空路ニューヨークに向かうボンドの行く末をカードで占う場面がありました。私はこの映画から大いに影響を受けカードに関心を持つようになりました。拙著『ジ・アート・オブ・ルノルマン・リーディング（*The Art of Lenormand Reading*）』の中で、プチ・ルノルマンとの出会いやその後の私の人生の激変について述べましたが、そのときの体験から他のさまざまなカード占いにも興味を持ち、このドイツ発祥の不思議なカード、キッパー・カードに出会いました。

　キッパーの読み解き方はルノルマンにとても似ています。が、「錨」、「木」、「指輪」といったシンプルな象徴ではなく、キッパー・カードにはたとえば「マダム」、「若い女性」、「主役（女性）」、「結婚」、「出会い」など実にさまざまな人物や出来事が登場します。私は、キッパー・カードに描かれた人物や出来事を見たとき、昔使っていたトランプのクラブのクイーン、クラブの「8」、ハートのクイーン、クラブのエース、ハートの「10」などが自然に思い浮かんで、とても親しみを感じました。ルノルマンはアメリカで大きな話題になり、ヨーロッパ生まれの古い占いが関心を集め、ルノルマンにとても近いキッパー・カードも注目を集めました。けれどもドイツ生まれのキッパーについてはほとんど情報がなく、あったと

してもドイツ語で書かれたものばかりでした。私はすでに何年もキッパー・カードを使っており、このデッキの解説書を知らないかという問い合わせを数多くいただきました。私が初めて出したルノルマンの本がたいへん好評で、また相談者の方へのリーディングにキッパー・デッキを使っていたことから、自分がキッパー・カードの解説書を書いてみようと思いました。

　キッパーの素晴らしいところは、メッセージが端的なことです。恋愛であれば、相手がどう思っているか、信頼できるか、午前中に会ってどんな時間を過ごすかなど何でもわかります。人生全般について知りたいことは何でも解き明かせます。本書がキッパー・カードの英知を解き明かす鍵となり、皆さまのお役に立つことを願っています。平易な文章を心がけ、誰もが気軽に読める本にしました。私の思い、時間、持てる知識がすべてのページに込められています。カード・リーディングへの私の情熱が、読者の皆さまに届きますように。

愛を込めて、
アレクサンドル・マスラック

言葉にされない声がある。
それに耳を傾ける。
^(訳注1)
──ルーミー

訳注1　ジャラール・ウッディーン・ルーミー。1207年9月30日─1273年12月17日。イスラーム神学、スーフィズムの重要人物のひとりで、神秘主義詩人。

キッパー・デッキ

THE KIPPER DECK

　カードを一枚一枚手に取って、つぶさに観察してみましょう。まずはカードに慣れることが大切です。カードは、そこに込められた英知を通して、読み手をさまざまな世界に続く旅へ導いてくれます。カードは36枚あり、順番に番号がついています。

キッパー・デッキ

No.	英語表記	日本語表記	No.	英語表記	日本語表記
1	Main Male	主役（男性）	19	A Funeral	弔い
2	Main Female	主役（女性）	20	The House	家
3	Marriage	結婚	21	The Living Room	リビング
4	A Meeting	出会い	22	A Military	軍人
5	The Good Lord	ムッシュ	23	The Court	法廷
6	The Good Lady	マダム	24	The Thievery	盗み
7	A Pleasant letter	うれしい便り	25	High Honours	名誉
8	False Person	嘘つき	26	Big Luck	幸運
9	A Change	変化	27	Unexpected Money	予期せぬお金
10	A Journey	旅	28	Expectation	期待
11	Lot of Money	大金	29	The Prison	牢獄
12	A Rich Girl	若い女性	30	Legal Matters	法律
13	A Rich Man	若い男性	31	Short Illness	不調

14	Sad News	悲しい知らせ	32	Grief and Sorrow	悲痛
15	Success in Love	愛の実り	33	Murky Thoughts	邪心
16	His Thoughts	心のうち	34	Occupation	多忙
17	A Gift	贈り物	35	A Long Road	遠路
18	Small Child	子ども	36	Hope, Big Water	希望、大海

═══ 人物を表すカード ═══

　カードの中心的な意味がわかるようにデッキのカードをいくつかのグループに分けました。以下の9枚はリーディングに登場する重要な人物や脇役を表します。

No.	英語表記	日本語表記	No.	英語表記	日本語表記
1	Main Male	主役（男性）	12	A Rich Girl	若い女性
2	Main Female	主役（女性）	13	A Rich Man	若い男性
5	The Good Lord	ムッシュ	18	Small Child	子ども
6	The Good Lady	マダム	22	A Military	軍人
8	False Person	嘘つき			

　この人たちは、たとえば以下のような家族の誰かを表し、その人がもたらす影響を示して、リーディングに貴重な情報を与えてくれます。

【カードが示す人物の例】

No.	英語表記	日本語表記	カードが示す人物
5	The Good Lord	ムッシュ	父親、義父、祖父、叔父、別れた夫
6	The Good Lady	マダム	母親、義母、祖母、叔母、別れた妻
12	A Rich Girl	若い女性	娘、姉妹、義理の姉妹、義理の娘、姪、若い親戚の女性
13	A Rich Man	若い男性	息子、兄弟、義理の兄弟、義理の息子、甥、若い親戚の男性
18	Small Child	子ども	自分の子ども、自分の赤ちゃん、家族の中の子ども

═══ 出来事や状況を表すカード ═══

　次のカードは何らかの出来事や状況を示します。これらの周りに出るカードから、その問題についての貴重な情報を読み取ることができます。

No.	英語表記	日本語表記	No.	英語表記	日本語表記
3	Marriage	結婚	24	The Thievery	盗み
4	A Meeting	出会い	25	High Honours	名誉
7	A Pleasant letter	うれしい便り	26	Big Luck	幸運
9	A Change	変化	27	Unexpected Money	予期せぬお金
10	A Journey	旅	28	Expectation	期待
11	Lot of Money	大金	30	Legal Matters	法律
15	Success in Love	愛の実り	31	Short Illness	不調
19	A Funeral	弔い			

　特定の出来事や状況がこの先どう進展するかを知りたいときは、スプレッドの中でどのカードがその出来事や状況を表しているかを見極め、その周りに出ているカードを読み解きます。その場合のカードの読み方は、カードの向きについての章で説明します。

物や場所を表すカード

　次のカードは物や場所に関連しています。これらの周りに出るカードは、その物や場所のムードやエネルギーを示します。

No.	英語表記	日本語表記	No.	英語表記	日本語表記
7	A Pleasant letter	うれしい便り	23	The Court	法廷
10	A Journey	旅	29	The Prison	牢獄
17	A Gift	贈り物	35	A Long Road	遠路
20	The House	家	36	Hope, Big Water	希望、大海
21	The Living Room	リビング			

　これらのカードは、場所を具体的に示すので探し物に特に役立ちます。「牢獄」のカードが出たら、探し物がたくさんの物の陰に隠れているか、物と物の間に挟まれているかもしれません。「リビング」のカードなら家の居間に、「旅」のカードなら自宅から遠く離れた場所にあることを伝えています。

═══ 危険・注意を表すカード ═══

　次のカードは、危険を警告したり、注意を促したりしています。ただし出来事の先行きは、的確な行動を取ればいつでも修正できることを忘れないでください。カードが伝えるのは変えられない運命ではなく、相談者への励ましです。

No.	英語表記	日本語表記	No.	英語表記	日本語表記
8	False Person	嘘つき	24	The Thievery	盗み
18	Small Child	子ども	32	Grief and Sorrow	悲痛
19	A Funeral	弔い	33	Murky Thoughts	邪心

═══ 職業を表すカード ═══

　最後のカードは、職業を表すカードです。それぞれのカードのエネルギーと響き合う職業を指しています。

No.	英語表記	日本語表記	カードが示す職業
11	The Good Lord	大金	投資家、株の取引、カジノで働く人、金融機関
12	A Rich Girl	若い女性	銀行の従業員、経理の担当者、金貸し
13	A Rich Man	若い男性	銀行の従業員、経理の担当者、金貸し
22	A Military	軍人	医師、警察官、看護師など、制服や服装が決まっている職業の人々すべて
25	High Honours	名誉	教師、管理職、聖職者、政治家、重要な立場の人
34	Occupation	多忙	仕事を表すカード。周りに出たカードから仕事の内容がわかる。後述するコンビネーションの意味の説明を参考に

始める前に

BEFORE WE START

=== 自分のデッキを買う ===

デッキ選びが最初の一歩です。ドイツの元祖 Kipperkarten は今も入手できるので、それを選んでもよいし、この本で採用しているデッキでもかまいません。

=== カードの向き ===

ドイツのカード占いでは、カードの向きがとても重要な意味を持ちます。シグニフィケイター[訳注2]である NO.1 または NO.2 のカードがどちらを向いているか、何に向き合っているかがリーディングの鍵を握ります。シグニフィケイターの向きによって、どちらが過去や未来を表すか、相談者がこれから経験する出来事が幸運なものか不運なものかが決まります。

=== 意図する ===

カードへの質問を決める前に、カードに何を伝えてほしいかを決めます。アドバイスがほしいでしょうか？　誰かの人柄を教えてほしいですか？　それとも未来の予想でしょうか。キッパーはタロットではないので、タロット・カードとは

訳注2 カード占いで、相談者を表すカードのこと。シグニファイアーとも言う。

14

読み取り方が異なります。カードは何を尋ねても答えてくれます。決して間違えません──間違っているとしたら、それは解釈の仕方です。

═ 質問を決める ═

　明確な質問には明確な答えが返ってきます！　質問をできるだけはっきりさせます。頭の中で絵にしたり、口に出して言ってみたり、紙に書いてみてもよいでしょう。出来事や状況について、カードが示している前後関係やカードの向きに十分な注意を払うと、読み取れるメッセージが変わります。

═ 記録をつける ═

　リーディング内容を記録しておくと、とても役に立ちます。ある種の状況でどのカードがどんな意味を持ったかを書き留めておきます。前に書いたノートを見直して、リーディングしたことがその後どうなったかを確認すると本当に面白いです。実はこの本はそんなふうに書きためたノートから生まれました。

═ 練習すると完璧になる ═

　練習すればするほど経験を積めます。鍛えた分だけ筋肉がつく筋トレのようなものです。総選挙の結果からご近所の方に生まれる赤ちゃんの性別まで、あらゆることを練習材料にして練習を重ねると、自信を持ってリーディングできるようになります。

THE
ART OF
KIPPER
READING

キッパー・カードの構成

THE KIPPER DECK
ANATOMY

　キッパー・カードの構成を細かく見てみましょう。カードの中央に、ある場面が描かれています。カードの意味は周りに出たカードによって少し変わります。リーディングをするときは、そのカードが何を象徴しているかをよく考えると、それぞれのカードの意味が結びついてフレーズになり、ひとつのストーリーになります。

　カードにはそれぞれ意味がありますが、そのときのリーディングで何を意味するかは、質問の内容やカードの向きによります。キッパー・カードのリーディングでは、前後関係とカードの向きが鍵になります！　それぞれのカードの向きによって意味が変わり、それがリーディングに大きく影響します。この点については、カードの向きについての章で詳しく説明します。その前にリーディングの主役ともいえるシグニフィケイターを見ていきましょう！

カード・ナンバー

人物、状況
または出来事の絵柄

24

The Thievery

カードの名称

相談者の性別によって、以下の2枚のどちらかが相談者を表します。男性のためのリーディングならNO.1の「主役（男性）」のカードが相談者の男性を表し、NO.2の「主役（女性）」は相談者の妻や彼にとって大切な女性を表します。逆に相談者が女性なら相談者を表すのはNO.2の「主役（女性）」で、その場合はNO.1の「主役（男性）」が相談者の夫や彼女にとって大切な男性を表します。

主役を表すシグニフィケイター

主役（男性）
男性の相談者

主役（女性）
女性の相談者

キッパーでは、この「主役（男性）」と「主役（女性）」のカードの向き（図を参照）がとても重要です。この2枚のカードの向きでふたりの関係が調和しているかどうかがわかり、過去と未来の方向が決まります。以下の図に2枚のカードが互いに向き合っている場合と、互いに背を向けている場合を示しました。

【不仲な関係】

カードの向き：
左向き
「主役（男性）」が
左を向いている

カードの向き：
右向き
「主役（女性）」が
右を向いている

ふたりが背中合わせになっている——言い争っているサイン

【調和した関係】

カードの向き：
右向き
「主役（女性）」が
右を向いている

カードの向き：
左向き
「主役（男性）」が
左を向いている

ふたりが互いに向き合っている——仲の良いサイン

THE
ART OF
KIPPER
READING

カードの向き

DIRECTION

　キッパー・リーディングではカードの向きが重要な意味を持ち、すべてがカードの向きにかかっています。カードの意味は暗記すればよいですが、カードの向きについて理解していなければ正しいリーディングにならず、カードを捨てたほうがましです。では絵を使って説明しましょう。

　カードの向きが大きな意味を持つのは、ドイツ流カード占いの伝統です。フランスのカード占いの伝統では、左側全部が常に過去を表し、右側全部が未来を示します。人物カードの顔が左を向いていても右を向いていても関係ありません。けれどもキッパー・カードでは、相談者を表すカードの位置が鍵になります！相談者を表す人物カードが左を向いていたら、その人物の左側すべてが未来を表します。その人物の背中側、彼が目を向けていない側のものはすべて過去です。相談者を表すカード、シグニフィケイターの上に出ているものは、その人物の考えやまだ現実化していないことを示します。そしてその人物の下に出ているものはすべて既に学んだこと、その人物のコントロール下にあることを表します。加えて、私は下にあるカードが相談者の資質や人柄、知りたい情報や理由を表すことを発見しました。

　先ほど述べたように、主役のカード2枚が互いに向き合っている場合と、そっぽを向いている場合では意味が異なります。そしてカードの向きが意味を持つのは、「主役」のカードであるNO.1の「主役（男性）」とNO.2の「主役（女性）」だけではなく、すべての人物カードに当てはまります。たとえば自分の母親が及ぼす影響を知りたいときは、「マダム」とその周りのカードをリーディングします。

姉妹についてなら「若い女性」のカードとその周りを見ます（【カードが示す人物の例】の表を参照してください）。後述するカードの意味の章で、すべての人物カードについて、カードの左側、右側、上側、下側にあるときの意味を説明しています。重要なポイントを手短にまとめたので、明解で正確なリーディングをするのに役立つでしょう。4つの向きと意味、カードの解釈に与える影響についてまとめると、以下の図になります。

【人物が左を向いているとき】

― 上 側 ―
―心の中
―わからないこと
―今重要なこと

― 左 側 ―
―未来
―期待していること
―これから起こること

― 右 側 ―
―過去
―やり残したこと
―すでに起こったこと

― 下 側 ―
―わかっていること
―実現したこと
―習得したこと

【人物が右を向いているとき】

— 上側 —
―心の中
―わからないこと
―今重要なこと

— 左側 —
―過去
―やり残したこと
―すでに起こったこと

— 右側 —
―未来
―期待していること
―これから起こること

— 下側 —
―わかっていること
―実現したこと
―習得したこと

キッパー・カードでは、常にカードの向きを考えながらリーディングをします。

キッパー・カード一覧
KIPPER CARDS

1
主役（男性）

2
主役（女性）

3
結婚

4
出会い

5
ムッシュ

6
マダム

7
うれしい便り

8
嘘つき

9
変化

10
旅

11
大金

12
若い女性

13
若い男性

14
悲しい知らせ

15
愛の実り

16
心のうち

17
贈り物

18
子ども

19
弔い

20
家

21
リビング

22
軍人

23
法廷

24
盗み

25
名誉

26
幸運

27
予期せぬお金

28
期待

29
牢獄

30
法律

31
不調

32
悲痛

33
邪心

34
多忙

35
遠路

36
希望、大海

36枚のカードの意味

THE 36 CARD MEANINGS

　いきなりカードの意味について説明する前に、この章で何を学び、何を説明するかを手短にお伝えしましょう。拙著『ジ・アート・オブ・ルノルマン・リーディング』（*The Art of Lenormand Reading: Decoding the Powerful Messages Conveyed by the Lenormand Oracle*）と同じように、それぞれのカードの意味の中心がすぐにわかるような構成にしています。すんなりカードを解釈できないときに、この本にさっと目を通せば知りたいことがパッとわかるようにしました。

　各カードの説明は以下の構成になっています。

キーワード：基本のキーワード
カードの意味：そのカードの意味の核心
マントラ：カードが表す状況で唱えると前向きになれる言葉
影響：そのカードのもたらす影響がポジティブか、ネガティブか、中立的か
向き：カードがどちらを向いているか
ひとことで言うと：イエス、ノー、どちらとも言えない
分野：そのカードの司る分野
コンビネーション：2枚のカードの組み合わせから生じる相互作用と意味。次頁の人物カードとのコンビネーションの場合は、人物カードの左、右、上、下の位置に出ているときの意味

═══ 人物カード ═══

No.	英語表記	日本語表記	No.	英語表記	日本語表記
1	Main Male	主役（男性）	12	A Rich Girl	若い女性
2	Main Female	主役（女性）	13	A Rich Man	若い男性
5	The Good Lord	ムッシュ	18	Small Child	子ども
6	The Good Lady	マダム	22	A Military	軍人
8	False Person	嘘つき			

　本に書かれているコンビネーションの意味が、すべてのリーディングでぴったり当てはまるとは限らないので、質問の状況に一番近い意味を参考にして読み解いてください。時間をかけて経験を積めば自分なりのカードの解釈ができるようになり、解釈の幅や深みが増します。それまでの手始めとして、この本に挙げたコンビネーションの意味が役立つはずです。

　また私が相談者の方に行ったリーディングの中から、きわめて細かなところまで正確に状況を読み取れた例をいくつか紹介しています。カードが実際にどのように作用し、驚くようなリーディングになるかがわかると思います。

═══════════════ 注意点 ═══════════════

　この本にリーディング内容を掲載することを快諾してくださったクライアントの皆さまに、心よりお礼を申し上げます。秘密を守るため、お名前はすべて変えてあります。私は、クライアントと私の間で起こったことは一切口外しないことにしています。この本で事例として紹介するかどうかは、クライアントさんご自身に決めていただきました。

主役（男性）
MAIN MALE

Keywords

男性の相談者、
相談者の男性パートナーまたは夫

マントラ:
自分の人生を決めているのは私だ

影響: 中立的

向き: 左向き

ひとことで言うと:
どちらとも言えない

分野: 全分野

　「主役（男性）」のカードは、リーディングの依頼主の男性を表します。このカードの周りに出たカードは、その男性に直接影響を及ぼします。相談者が女性の場合、このカードはその人の夫やパートナーなど彼女にとって大切な男性を表します。

　リーディングするとき、特に「グラン・タブロー」（253頁「グラン・タブロー」の章を参照）では、このカードの位置と周りのカードをよく見ることが大切です。カードより左側にあるカードが彼の未来を、右側のカードが過去を、上側が彼の考え、意志、意見を、そして下側が今までに実現したことを表します。下側に出ているカードはその男性の資質や欠点を表すこともあります。

	左側にあるカードとのコンビネーションの意味＝**未来**

N0.2　主役（女性）・・・・・・調和の取れた関係、出会い。大切な女性、将来の
パートナーが現れる。前向きなスタート。分かち
合いと発見の時。

NO.3　結婚・・・・・・・・・・幸せな既婚男性。相談者は生涯の約束を結ぶだろ
うと楽しみにしている。パートナーシップが結ば
れる。ポジティブな取引や契約。

NO.4　出会い・・・・・・・・人と会う約束、懇親会、イベント、何らかのグ
ループと会う。

NO.5　ムッシュ・・・・・・・年配の男性とのやり取り。力になってくれる男性
の友人、父親。

NO.6　マダム・・・・・・・・年配の女性とのやり取り。力になってくれる女性
の友人。

NO.7　うれしい便り・・・・・良いニュースや知らせが届く。ポジティブな内容
の手紙、ポジティブな内容の電話。

NO.8　嘘つき・・・・・・・・敵、ライバル、抜け目のない危険人物に気をつけ
て！

NO.9　変化・・・・・・・・・変化が差し迫っている。「主役（男性）」が引っ越
すか居場所が変わる。計画の変更がうまくいく。

NO.10　旅・・・・・・・・・・計画の変更がうまくいく。ポジティブな旅行、旅
立ち。

NO.11　大金・・・・・・・・経済的な安定。お金が入ってくる。裕福。豊かで
満ち足りている。贅沢。

NO.12　若い女性・・・・・・娘、姉妹、または若い親戚の女性との関わり。若
い女性との仲の良さ。若い恋人。

NO.13　若い男性・・・・・・息子、兄弟、または若い親戚の男性との関わり。
若い男性との仲の良さ。若い恋人。

NO.14　悲しい知らせ・・・・良くない知らせ、または悲しい知らせを受け取
る。憂鬱な気分。悪い知らせへの対応。

NO.15　愛の実り・・・・・・恋に落ちる。情事。幸せでポジティブな恋愛や性

生活。

NO.16　心のうち ・・・・・・・相談者は何かで頭がいっぱいである。よく考えている。いろいろあって落ち着かない。

NO.17　贈り物 ・・・・・・・・周りで喜ばしいことが起こる。贈り物が届く。うれしい訪問を受ける。

NO.18　子ども ・・・・・・・・新たな始まり。妊娠。相談者に罪はない。

NO.19　弔い ・・・・・・・・・・終わり、別れ。葬儀の手伝い。

NO.20　家 ・・・・・・・・・・・不動産などの資産を買う。一緒にいて和む人。実家やマイホーム。

NO.21　リビング ・・・・・・・相談者はくつろいでいる。相談者のプライベート空間。

NO.22　軍人 ・・・・・・・・・・正式な話、公の話になる。制服のある職業の人との出会い。

NO.23　法廷 ・・・・・・・・・・最終決定。正義の勝利。正式に決まる。

NO.24　盗み ・・・・・・・・・・なくしたものが戻ってくる。泥棒が捕まる。

NO.25　名誉 ・・・・・・・・・・相談者は成功している、認められる、近々昇進するかもしれない。

NO.26　幸運 ・・・・・・・・・・相談者は幸運である。思い切ってしたことが好結果を生み、大いに成功する。

NO.27　予期せぬお金 ・・・・・思いがけない儲けを手にする。うまく交渉して結んだ契約から利益が出始める。予想外のうれしい驚き。

NO.28　期待 ・・・・・・・・・・相談者は何かとても欲しいもの、したいことを我慢している。隣のカードが何を期待しているかを表す。

NO.29　牢獄 ・・・・・・・・・相談者は自由に行動できない。孤独、隔離、矯正施設、足踏み状態、停滞。

NO.30　法律 ・・・・・・・・・・弁護士との面会。専門的な知識や技能を求める。法的な問題への対処。

NO.31　不調 ・・・・・・・・・・体調が悪い、発熱、軽い感染症、軽い鬱状態。休むべきである。寝たほうがよい。

NO.32　悲痛 ・・・・・・・・・・これから先が大変である。目の前に問題や困難が

山積している。パターン、鬱、中毒。

NO.33　邪心・・・・・・・・・・・・ネガティブな気分。恐れに囚われている。大げさ
　　　　　　　　　　　　に騒ぎ立てている。後ろ向きに考えている。

NO.34　多忙・・・・・・・・・・・・よく働き、やる気にあふれた、志のある男性。仕
　　　　　　　　　　　　事の依頼や採用通知。

NO.35　遠路・・・・・・・・・・・・遠くへ行こうとしている。耐えること――すぐに
　　　　　　　　　　　　は実現しない。

NO.36　希望、大海・・・・・・海外旅行や渡航。外国の地で出来事が起こる。希
　　　　　　　　　　　　望に胸が膨らむ。直感を感じる。

 右側にあるカードとのコンビネーションの意味=過去

NO.2　主役（女性）・・・・・・恋人との距離がある。別れる危険性。相談者の男
　　　　　　　　　　　　性はすでに新たなスタートを切った。

NO.3　結婚・・・・・・・・・・・・・パートナーとの間の大きな問題。相談者は独身
　　　　　　　　　　　　である。恋人と別れた。関係を手放そうとして
　　　　　　　　　　　　いる。

NO.4　出会い・・・・・・・・・過去の出会い。すでに起こった出来事。何らかの
　　　　　　　　　　　　グループから距離を置く。人の集まりから離れて
　　　　　　　　　　　　いく。

NO.5　ムッシュ・・・・・・・年配の人に背を向けている。年配者とうまく連絡
　　　　　　　　　　　　が取れない。父親と息子の間の課題。

NO.6　マダム・・・・・・・・・年配の人に背を向けている。年配者とうまく連絡
　　　　　　　　　　　　が取れない。母親と娘の間の課題。

NO.7　うれしい便り・・・・・便りをすでに送った。過去のコミュニケーショ
　　　　　　　　　　　　ン。過去の会話。

NO.8　嘘つき・・・・・・・・・敵、ライバル、抜け目のない危険な人物は近くに
　　　　　　　　　　　　いない。過去の危険人物。

NO.9　変化・・・・・・・・・・・最近起こった変化、最近行った引っ越しや居場所
　　　　　　　　　　　　の変化、これからどんな変化が起こるかを周りの
　　　　　　　　　　　　カードから読み取る。

NO.10　旅 ・・・・・・・・・・・ 相談者は誰かの元、どこかの場所、何らかの状況から立ち去った。最近行った旅行や計画した旅行が望んでいたようにならなかった。

NO.11　大金 ・・・・・・・・ 経済的な危機。お金が出ていく。相談者は良い話だとわかっていない。相談者は良い取引から手を引いている。

NO.12　若い女性 ・・・・・・ 娘、姉妹、または親戚の若い女性との口論。若い女性に背を向けている。ジェネレーション・ギャップ。

NO.13　若い男性 ・・・・・・・ 息子、兄弟、または親戚の若い男性との口論。若い男性に背を向けている。ジェネレーション・ギャップ。

NO.14　悲しい知らせ ・・・・ 過去のネガティブな知らせ、または悲しい知らせ。憂鬱な気分がしなくなる。悲しみを手放す。

NO.15　愛の実り ・・・・・・・ 「主役（男性）」は恋をしていた。情事は終わっている。過去のポジティブな関係。

NO.16　心のうち ・・・・・・・ 相談者はもう何かで頭がいっぱいではない。しばらく深く考え、すでに解決策を見つけた。

NO.17　贈り物 ・・・・・・・・ 周りで喜ばしいことが起こった。相談者がうれしい訪問を受けた。贈り物を受け取った。

NO.18　子ども ・・・・・・・・ 中絶、流産。子どもたちが心配の種。何かを新たに始める時ではない。

NO.19　弔い ・・・・・・・・・ 相談者は誰かを亡くしたか、今何かを葬っている。解き放たれた。変容の時期を過ごしている。悲嘆している。

NO.20　家 ・・・・・・・・・・ 不動産などの資産を売る。「主役（男性）」は、壁を作っていた安全な場所から離れる。

NO.21　リビング ・・・・・・・ 心からくつろげない。拒まれているように感じる。心地良いところから離れる。

NO.22　軍人 ・・・・・・・・・ もう正式、公的なことではない。仕事を辞める。

NO.23　法廷 ・・・・・・・・・ 正式、公的に決まっている。「主役（男性）」が間違っていた、または有罪だった。

NO.24　盗み・・・・・・・・・・・何かが持ち去られた、または誰かが連れ去られた。泥棒は逃げた。

NO.25　名誉・・・・・・・・・・・一時的に得た認知。過去に得た評価。

NO.26　幸運・・・・・・・・・・・不運な状況。不誠実の産物。失敗。

NO.27　予期せぬお金・・・・倒産。利益の少ない取引、困った取引。極貧、生活苦。

NO.28　期待・・・・・・・・・・・我慢の時は終わった。「主役（男性）」は中年の女性に出会った。

NO.29　牢獄・・・・・・・・・・・もう制約はない。行き詰まりや停滞の終わり。

NO.30　法律・・・・・・・・・・・「主役（男性）」は不当な扱いを受けていると思っているが、弁護士は「主役（男性）」に同意していない。

NO.31　不調・・・・・・・・・・・軽い病気や健康上の問題からの回復。

NO.32　悲痛・・・・・・・・・・・たいへんな時期は過ぎた。鬱状態から脱した。中毒からの回復。

NO.33　邪心・・・・・・・・・・・呪いが解ける。大げさに騒ぐ人の下を去る。

NO.34　多忙・・・・・・・・・・・仕事から距離を置く、または今まで忙しく働いていた。

NO.35　遠路・・・・・・・・・・・目的地から遠く離れていた。今までずいぶん耐えてきた、または我慢の限界に近づいていた。

NO.36　希望、大海・・・・・・・「主役（男性）」は希望を失った。海の向こうの外国の地から来た。望みを抱いていた。夢が現実になった。

上側にあるカードとのコンビネーションの意味＝考えていること

NO.2　主役（女性）・・・・・・「主役（男性）」は誰か特定の女性——配偶者、パートナー、彼にとって大切な女性——のことを考えている。

NO.3　結婚・・・・・・・・・・・調和の取れた関係を夢見ている。将来のパートナーシップまたは取引について考えている。

NO.4　出会い・・・・・・・・・人と会う約束、懇親会、イベント、何らかのグループと会うことについて考えている。

NO.5　ムッシュ・・・・・・・年配の男性、力になってくれる男性の友人、父親、「ムッシュ」のことを考えている。

NO.6　マダム・・・・・・・・・年配の女性、力になってくれる女性の友人、「マダム」のことを考えている。

NO.7　うれしい便り・・・・・もっと良いコミュニケーションを取りたいと心から望んでいる。メッセージまたは手紙のやり取りのことを考えている。

NO.8　嘘つき・・・・・・・・・敵、ライバル、抜け目のない危険人物のことを考えている。人心操作。

NO.9　変化・・・・・・・・・・・変化について考えている。引っ越すか居場所を変えることを考えている。変化できそうにないが願っている。変化を望んでいる。

NO.10　旅・・・・・・・・・・・・計画を変えること、旅行について考えている。どこか特定の目的地に憧れている。

NO.11　大金・・・・・・・・・・・自分の経済的な安定、自分の懐具合のことをずっと考えている。相談者にとってお金はとても大切である。

NO.12　若い女性・・・・・・・娘、姉妹、または若い親戚の女性のこと、若い恋人のことを考えている。

NO.13　若い男性・・・・・・・息子、兄弟、または若い親戚の男性のこと、若い恋人のことを考えている。

NO.14　悲しい知らせ・・・・悲しい思い、悪い知らせへの恐れ、ネガティブな考えを持っている。

NO.15　愛の実り・・・・・・・成功について、または自分の恋愛や性生活について考えている。

NO.16　心のうち・・・・・・・いろいろ考えているところである。

NO.17　贈り物・・・・・・・・・贈り物またはうれしい訪問について考えている。

NO.18　子ども・・・・・・・・・新たな始まりについて考えている。無邪気な考え、ナイーブな考え、何か新しい計画、赤ちゃんのことを考えている。

NO.19　弔い・・・・・・・・・・・終わり、別れを考えている。葬儀のことを考えて
いる。

NO.20　家・・・・・・・・・・・・不動産などの資産、何かを建てること、家族のこ
とを考えている。

NO.21　リビング・・・・・・・自分のプライベートな生活、家の周辺で起こって
いることを考えている。

NO.22　軍人・・・・・・・・・・コントロールされているという感覚がある。戦略
や闘う計画を立てている。

NO.23　法廷・・・・・・・・・・法的な問題、重要な決断について、期限のことを
考えている。

NO.24　盗み・・・・・・・・・・なくしたもののことを考えている。損失を振り
返っている。「主役（男性)」は何かを持ち去ろう
と思っている。

NO.25　名誉・・・・・・・・・・勉強や研究について考えている。相談者は頭が良
く、自分に才能や能力があると知っている。

NO.26　幸運・・・・・・・・・・自分の運、自分に開かれているさまざまな扉のこ
とを考えている。

NO.27　予期せぬお金・・・・契約、儲けの多い取引のことを考えている。今の
自分の財政状況への不安感かもしれない。

NO.28　期待・・・・・・・・・・中年の女性を思い浮かべている。または自分の
ゴールや動機、ものごとの今後について考えて
いる。

NO.29　牢獄・・・・・・・・孤独な自分について考えており、自由を夢見てい
る。心が閉ざされている。

NO.30　法律・・・・・・・・・・弁護士の助けを借りるか、法的に争うことについ
て考えている。

NO.31　不調・・・・・・・・・・自分の体調があまり優れないことについて考えて
いる。不眠。相談者は前向きになり元気を出すべ
き状況にいる。

NO.32　悲痛・・・・・・・・・・これから先が大変だと思っている。問題や困難が
山積している。鬱または中毒に直面している。

NO.33　邪心・・・・・・・・・・ネガティブな気分。恐れに囚われている。大げさ

に騒ぎ立てている。後ろ向きに考えている。

NO.34　多忙・・・・・・・・・・仕事のことで頭がいっぱいである。頭を使って論
理的に考える仕事をしている。

NO.35　遠路・・・・・・・・・・遠く離れた目的地のことを考えている。相談者は
ものごとを事前に計画する。

NO.36　希望、大海・・・・・・異文化に心を奪われている。相談者は地に足を着
けて現実的に考える必要がある。

下側にあるカードとのコンビネーションの意味=実現していること

NO.2　主役（女性）・・・・・・・「主役（男性）」にはパートナー、配偶者、彼に
とって大切な人がいる。

NO.3　結婚・・・・・・・・・・・幸せな結婚をしているか、真剣な交際相手やパー
トナーがいる。ポジティブな取引や契約を成立さ
せた。

NO.4　出会い・・・・・・・・・とても社交的な人で、イベント、集まり、懇親会
に出ている。

NO.5　ムッシュ・・・・・・・・良い人、良き友人、良き父親である。

NO.6　マダム・・・・・・・・・良い人、良き友人、良き母親である。

NO.7　うれしい便り・・・・・人柄が良く、人とよくコミュニケーションを取
り、良いニュースをもたらすことが多い。

NO.8　嘘つき・・・・・・・・・うまくいかないのは本人のせいかもしれない。向
き合うべき相手は自分自身や自分の悪賢い性格で
ある。自分の態度を改める必要がある。

NO.9　変化・・・・・・・・・・彼は変わった。最近いろいろなことを経験した。

NO.10　旅・・・・・・・・・・・相談者には根無し草のようなところがあり、同じ
場所に留まらない。仕事の関係で移動が多いのか
もしれない（たとえばトラック運転手など）。

NO.11　大金・・・・・・・・・・経済的に安定している。有り余るほどのお金があ
る。小銭の使い道までとやかく言う人かもしれな
い。

NO.12　若い女性 ‥‥‥‥相談者の娘、姉妹、または親戚の若い女性と仲が良い。わがままで子どものように振る舞っているかもしれない。

NO.13　若い男性 ‥‥‥‥相談者の息子、兄弟、または親戚の若い男性と仲が良い。わがままで子どものように振る舞っているかもしれない。

NO.14　悲しい知らせ ‥‥‥性格が悪く、あらゆることに文句を言い、悪い知らせをもたらすことが多い。

NO.15　愛の実り ‥‥‥‥‥「主役（男性)」は誠実なパートナーで、ブレることがなく、人間関係を大切にする。100％信頼できる。

NO.16　心のうち ‥‥‥‥‥前もって計画するというより行動型の人。論理派というより実践派。

NO.17　贈り物 ‥‥‥‥‥‥贈るのも贈られるのも大好きで、意外な人、天からの贈り物のような人である。

NO.18　子ども ‥‥‥‥‥‥新たな始まりを遂げた。もうすぐ親になる。または幼い人柄の人。

NO.19　弔い ‥‥‥‥‥‥‥‥終わり、別れ、死を身近に経験した。

NO.20　家 ‥‥‥‥‥‥‥‥‥家などの資産を持っている。一緒にいて和む人。家族思い。家族の価値観を大切にしている。

NO.21　リビング ‥‥‥‥‥自分のことを明かさない人。プライバシーを大切にし、限られた人としか親しくしない。家庭への思い入れがとても強い。

NO.22　軍人 ‥‥‥‥‥‥‥‥制服のある職業の人である。秩序と規律を好み、誠実に生き、実直にビジネスを営む。

NO.23　法廷 ‥‥‥‥‥‥‥‥高潔、信念や主義がある、常に期限を大切にする。

NO.24　盗み ‥‥‥‥‥‥‥‥何かを持ち去るような人である。欲しいものを人から盗んだり、奪ったりする傾向がある。

NO.25　名誉 ‥‥‥‥‥‥‥‥人から認められており、評判が良く、指導者として尊敬されている。

NO.26　幸運 ‥‥‥‥‥‥‥‥幸運の持ち主である。自分の運の良さをわかっており、あらゆる試みに運の良さを活かしている。

NO.27　**予期せぬお金** ‥‥‥契約をうまく運ぶことができ、収入が増え続ける。

NO.28　**期待**‥‥‥‥‥‥相談者の長所は粘り強さである。いつもアンテナを立て、この先何があるかに注意を払っている。

NO.29　**牢獄**‥‥‥‥‥‥相談者はひとりぼっちである。うまくいかないのは本人のせいかもしれない。

NO.30　**法律**‥‥‥‥‥‥真剣に助言や忠告を求めており、知恵をしぼって平穏や幸せを取り戻そうとする。

NO.31　**不調**‥‥‥‥‥‥よく眠れず、健康ではない。性生活を営めないのかもしれない。

NO.32　**悲痛**‥‥‥‥‥‥鬱気味で、何かの中毒である。

NO.33　**邪心**‥‥‥‥‥‥「コップに水が半分しか入っていない」という悲観的な見方をする。うじうじ考えて悩み続けるのが好きである。

NO.34　**多忙**‥‥‥‥‥‥よく働き、やる気にあふれた、志のある人。

NO.35　**遠路**‥‥‥‥‥‥辛抱強く待ち、完璧なタイミングで行動を起こす人。

NO.36　**希望、大海** ‥‥‥‥生まれ持った才能がある。サイキック能力やある種の芸術的才能かもしれない。

2

主役（女性）
MAIN FEMALE

Main Female

Keywords

女性の相談者、
相談者の女性パートナーまたは妻

　「主役（女性）」のカードは、女性のリーディングの依頼主を表します。このカードの周りに出たカードは、その女性に直接影響を及ぼします。リーディングの依頼主が男性の場合、このカードは男性の妻やパートナーなど、彼にとって大切な女性を表します。

　リーディングするとき、特に「グラン・タブロー」では、このカードの位置と周りのカードをよく見ることが大切です。カードより左側にあるカードが彼女の過去を、右側にあるカードが未来を、上側が彼女の意志、意見、計画など頭の中にあることを、そして下が今までに実現したことを表します。下側に出ているカードはその女性の資質や欠点を表すこともあります。

マントラ：
自分の人生を決めているのは私だ

影響：中立的

向き：右向き

ひとことで言うと：
どちらとも言えない

分野：全分野

NO.1　主役（男性）・・・・・・・恋人との距離がある。別れる危険性。相談者の女性はすでに新たなスタートを切った。

NO.3　結婚・・・・・・・・・・・・パートナーとの間の大きな問題。相談者は独身である。恋人と別れた。関係を手放そうとしている。

NO.4　出会い・・・・・・・・・過去の出会い。すでに起こった出来事。何らかのグループから距離を置く。人の集まりから離れていく。

NO.5　ムッシュ・・・・・・・・年配の人に背を向けている。年配者とうまく連絡が取れない。父親と息子の間の課題。

NO.6　マダム・・・・・・・・・年配の人に背を向けている。年配者とうまく連絡が取れない。母親と娘の間の課題。

NO.7　うれしい便り・・・・・便りを受け取った。過去のコミュニケーション。過去の会話。

NO.8　嘘つき・・・・・・・・・敵は近くにいない。過去のライバルや抜け目のない危険人物。

NO.9　変化・・・・・・・・・・最近起こった変化。最近行った引っ越しや居場所の変化。すでに行われた計画。

NO.10　旅・・・・・・・・・・・相談者は誰かの元、どこかの場所、何らかの状況から立ち去った。最近行った旅行や計画した旅行が望んでいたようにならなかった。

NO.11　大金・・・・・・・・・経済的な危機。お金が出ていく。相談者は良い話だとわかっていない。相談者は良い取引から手を引いている。

NO.12　若い女性・・・・・・娘、姉妹、または親戚の若い女性との口論。若い女性に背を向けている、ジェネレーション・ギャップ。

NO.13　若い男性・・・・・・息子、兄弟、または親戚の若い男性との口論。若い男性に背を向けている、ジェネレーション・

ギャップ。

NO.14　悲しい知らせ ･････ ネガティブまたは悲しい知らせを受け取った。憂鬱な気分がしなくなる、悲しみを手放す。

NO.15　愛の実り ･･････ 「主役（女性）」は恋をしていた。情事は終わっている。過去のポジティブな関係。

NO.16　心のうち ･････ 相談者はもう何かで頭がいっぱいではない。しばらく深く考え、すでに解決策を見つけた。

NO.17　贈り物 ･･･････ 周りで喜ばしいことが起こった。相談者は訪問を受けた。贈り物を受け取った。

NO.18　子ども ･･････ 中絶、流産。子どもたちが心配の種。何かを新たに始める時ではない。

NO.19　弔い ･･･････ 相談者は誰かを亡くしたか、今何かを葬っている。解き放たれた。変容の時期を過ごしている。悲嘆している。

NO.20　家 ･･･････ 不動産などの資産を売る。安全な自分の家を離れた。

NO.21　リビング ･････ 心からくつろげない。拒まれているように感じる。心地良いところから離れる。

NO.22　軍人 ･･･････ もう正式、公的なことではない。制服のある仕事を辞める。

NO.23　法廷 ･･･････ 正式、公的に決まっている。「主役（女性）」が間違っていた。

NO.24　盗み ･･･････ 「主役（女性）」の下から何かが持ち去られた、または誰かが連れ去られた。泥棒は逃げた。

NO.25　名誉 ･･･････ 教育を受けた人である。評判が良く、才能を認められている。

NO.26　幸運 ･･･････ 不運な状況。不誠実な産物。失敗。

NO.27　予期せぬお金 ･････ 契約を結んだ。自分の作品または事業を売り、想定外のお金を受け取った。

NO.28　期待 ･･･････ 我慢の時は終わった。相談者は中年の女性に出会った。以前に何らかの期待を抱いていた。

NO.29　牢獄 ･･･････ もう制約はない。行き詰まりや停滞の終わり。

NO.30 法律・・・・・・・・・ひとりきりで、自由がなく、孤独だった。健康に
関するカードが他に出ている場合は、病院で治療
を受けていたかもしれない。

NO.31 不調・・・・・・・・・軽い病気や健康上の問題からの回復。

NO.32 悲痛・・・・・・・・・たいへんな時期や鬱状態から脱した。中毒からの
回復。

NO.33 邪心・・・・・・・・・呪いが解ける。大げさに騒ぐ人の下を去る。

NO.34 多忙・・・・・・・・・仕事から距離を置く、または最近まで忙しく働い
ていた。

NO.35 遠路・・・・・・・・・目的地から遠く離れていた。今までずいぶん耐え
てきた、または我慢の限界を超えた。

NO.36 希望、大海・・・・・・希望を失った。海の向こうの外国の地から来た。
望みを抱いていた。夢が現実になった。

 右側にあるカードとのコンビネーションの意味=未来

NO.1 主役（男性）・・・・・・・調和の取れた関係、出会い。大切な男性、将来の
パートナーが現れる。前向きなスタート。分かち
合いと発見の時。

NO.3 結婚・・・・・・・・・・・幸せな既婚女性。相談者は生涯の約束を結ぶだろ
うと楽しみにしている。パートナーシップが結ば
れる。ポジティブな取引や契約。

NO.4 出会い・・・・・・・・・人と会う約束、懇親会、イベント、何らかのグ
ループと会う。

NO.5 ムッシュ・・・・・・・年配の男性とのやり取り。力になってくれる男性
の友人、父親。

NO.6 マダム・・・・・・・・・年配の女性とのやり取り。力になってくれる女性
の友人。

NO.7 うれしい便り・・・・・良いニュースが届く。ポジティブな内容の手紙。
ポジティブな内容の電話。

NO.8 嘘つき・・・・・・・・・周りにいる敵、ライバル、抜け目のない危険人物

に気をつけて！

NO.9　変化・・・・・・・・・・・・変化が差し迫っている。引っ越すか居場所が変わ
　　　　　　　　　　　　る。計画の変更がうまくいく。

NO.10　旅・・・・・・・・・・・・計画の変更がうまくいく。ポジティブな旅行、旅
　　　　　　　　　　　　立ち。

NO.11　大金・・・・・・・・・・経済的な安定。お金が入ってくる。裕福。豊かで
　　　　　　　　　　　　満ち足りている。贅沢。

NO.12　若い女性・・・・・・・娘、姉妹、または若い親戚の女性との関わり。若
　　　　　　　　　　　　い女性との仲の良さ。若い恋人。

NO.13　若い男性・・・・・・・息子、兄弟、または若い親戚の男性との関わり。
　　　　　　　　　　　　若い男性との仲の良さ。若い恋人。

NO.14　悲しい知らせ・・・・・良くない知らせを受け取る。憂鬱な気分。悪い知
　　　　　　　　　　　　らせの対応。

NO.15　愛の実り・・・・・・・恋に落ちる。情事。幸せでポジティブな恋愛や性
　　　　　　　　　　　　生活。

NO.16　心のうち・・・・・・・相談者は何かで頭がいっぱいである。よく考えて
　　　　　　　　　　　　いる。いろいろあって落ち着かない。

NO.17　贈り物・・・・・・・・周りで喜ばしいことが起こる。贈り物が届く。う
　　　　　　　　　　　　れしい訪問を受ける。

NO.18　子ども・・・・・・・・新たな始まり。妊娠。相談者に罪はない。

NO.19　弔い・・・・・・・・・・終わり、別れ。葬儀の手伝い。

NO.20　家・・・・・・・・・・・不動産などの資産を買う。一緒にいて和む人。実
　　　　　　　　　　　　家やマイホーム。

NO.21　リビング・・・・・・・相談者はくつろいでいる。相談者のプライベート
　　　　　　　　　　　　空間。

NO.22　軍人・・・・・・・・・・正式な話。公の話になる。制服のある職業の人と
　　　　　　　　　　　　の出会い。

NO.23　法廷・・・・・・・・・・最終決定。正義の勝利。正式に決まる。

NO.24　盗み・・・・・・・・・・なくしたものが戻ってくる。泥棒が捕まる。

NO.25　名誉・・・・・・・・・・相談者は成功している、認められる。昇進。

NO.26　幸運・・・・・・・・・・相談者は幸運である。思い切ってしたことが好結
　　　　　　　　　　　　果を生み、大いに成功する。

NO.27　予期せぬお金 ・・・・・思いがけない儲けを手にする。うまく交渉して結んだ契約から利益が出始める。予想外のうれしい驚き。

NO.28　期待 ・・・・・・・・・・相談者は何かとても欲しいもの、したいことを我慢している。隣のカードが何を期待しているかを表す。

NO.29　牢獄 ・・・・・・・・・相談者は自由に行動できない。孤独、隔離、矯正施設、足踏み状態、停滞。

NO.30　法律 ・・・・・・・・・弁護士との面会。専門的な知識や技能を求める。法的な問題への対処。「主役（女性）」は法律に通じており、自分の権利を完璧に理解している。

NO.31　不調 ・・・・・・・・・体調が悪い、発熱、軽い感染症、軽い鬱状態。休むべきである。寝たほうがよい。

NO.32　悲痛 ・・・・・・・・・これから先が大変である。目の前に問題や困難が山積している。パターン、鬱、中毒。

NO.33　邪心 ・・・・・・・・・ネガティブな気分。恐れに囚われている。大げさに騒ぎ立てている。後ろ向きに考えている。希望の喪失。

NO.34　多忙 ・・・・・・・・・よく働き、やる気にあふれた、志のある女性。仕事の依頼や採用通知。

NO.35　遠路 ・・・・・・・・・遠くへ行こうとしている。耐えること——すぐには実現しない。

NO.36　希望、大海 ・・・・・・海外旅行や渡航。外国の地で予期していた出来事が起こる。希望に胸が膨らむ。

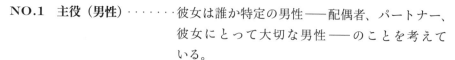

上側にあるカードとのコンビネーションの意味=**考えていること**

NO.1　主役（男性） ・・・・・・彼女は誰か特定の男性——配偶者、パートナー、彼女にとって大切な男性——のことを考えている。

NO.3　結婚 ・・・・・・・・・・調和の取れた関係を夢見ている。将来のパート

ナーシップまたは取引について考えている。

NO.4　出会い ·········· 人と会う約束、懇親会、イベント、何らかのグループと会うことについて考えている。

NO.5　ムッシュ ········· 年配の男性、力になってくれる男性の友人、父親のことを考えている。

NO.6　マダム ·········· 年配の女性、力になってくれる女性の友人、母親のことを考えている

NO.7　うれしい便り ····· もっと良いコミュニケーションを取りたいと心から望んでいる。メッセージまたは手紙のやり取りのことを考えている。

NO.8　嘘つき ·········· 敵、ライバル、抜け目のない危険人物のことを考えている。人心操作。

NO.9　変化 ··········· 変化について考えている。引っ越すか居場所を変えることを考えている。

NO.10　旅 ············ 計画を変えること、旅行について考えている。どこか特定の目的地に憧れている。

NO.11　大金 ··········· 自分の経済的な安定、自分の懐具合のことをずっと考えている。相談者にとってお金はとても大切である。

NO.12　若い女性 ······· 娘、姉妹、または若い親戚の女性のこと、若い恋人のことを考えている。

NO.13　若い男性 ······· 息子、兄弟、または若い親戚の男性のこと、若い恋人のことを考えている。

NO.14　悲しい知らせ ····· 悲しい思い、悲しい知らせへの恐れ、ネガティブな考えを持っている。

NO.15　愛の実り ········ 成功について、自分の恋愛や性生活について、パートナーについて考えている。

NO.16　心のうち ········ 今、相談者はいろいろ考え、考えることに忙しく、計画を立てている。

NO.17　贈り物 ········· 贈り物について、うれしい訪問について考えている。

NO.18　子ども ········· 新たな始まりについて考えている。無邪気な考え、ナイーブな考え、何か新しい計画、赤ちゃん

のことを考えている。

NO.19　弔い・・・・・・・・・終わり、別れを考えている。葬儀のことを考えている。

NO.20　家・・・・・・・・・・・不動産について、何かを建てることを考えている。

NO.21　リビング・・・・・・・自分のプライベートな生活、家の周辺で起こっていることを考えている。

NO.22　軍人・・・・・・・・・・コントロールされているという感覚がある。戦略や闘う計画を立てている。

NO.23　法廷・・・・・・・・・・法的な問題、重要な決断について、期限のことを考えている。

NO.24　盗み・・・・・・・・・・なくしたもののことを考えている。損失を振り返っている。何かを持ち去ろうと思っている。

NO.25　名誉・・・・・・・・・・勉強や研究について考えている。相談者は頭が良く、自分に才能や能力があると知っている。

NO.26　幸運・・・・・・・・・・自分の運、自分に開かれているさまざまな扉のことを考えている。

NO.27　予期せぬお金・・・・・契約、儲けの多い取引のことを考えている。今の自分の財政状況への不安感かもしれない。

NO.28　期待・・・・・・・・・・中年の女性を思い浮かべている。または自分のゴールや動機、ものごとの今後について考えている。

NO.29　牢獄・・・・・・・・・・孤独な自分について考えており、自由を夢見ている。

NO.30　法律・・・・・・・・・・弁護士の助けを借りるか、法的に争うことについて考えている。

NO.31　不調・・・・・・・・・・自分の体調があまり優れないことについて考えている。不眠。相談者は前向きになり元気を出すべき状況にいる。

NO.32　悲痛・・・・・・・・・・これから先が大変だと思っている。問題や困難が山積している。鬱または中毒に直面している。

NO.33　邪心・・・・・・・・・・ネガティブな気分。恐れに囚われている。大げさ

に騒ぎ立てている。後ろ向きに考えている。希望
を失っている。

NO.34　多忙 ・・・・・・・・・・・・・よく働き、やる気にあふれた、志のある女性。仕
事の依頼や採用通知。

NO.35　遠路 ・・・・・・・・・・・・遠く離れた目的地のことを考えている。相談者は
ものごとを事前に計画するのが好きである。

NO.36　希望、大海 ・・・・・・異文化に心を奪われている。地に足を着けて現実
的に考える必要がある。

下側にあるカードとのコンビネーションの意味＝実現していること

NO.1　主役（男性）・・・・・・「主役（女性）」にはパートナー、夫、彼女にとっ
て大切な人がいる。

NO.3　結婚 ・・・・・・・・・・・・・幸せな結婚をしているか、真剣な交際相手やパー
トナーがいる。ポジティブな取引や契約を成立さ
せた。

NO.4　出会い ・・・・・・・・・・とても社交的な人で、イベント、集まり、懇親会
に出ている。

NO.5　ムッシュ ・・・・・・・・良い人、友人を支える。

NO.6　マダム ・・・・・・・・・・良い人、友人を支える。良き母親である。

NO.7　うれしい便り ・・・・・人柄が良く、人とよくコミュニケーションを取
り、良いニュースをもたらすことが多い。

NO.8　嘘つき ・・・・・・・・・・うまくいかないのは本人のせいかもしれない。向
き合うべき相手は自分や自分の悪賢い性格であ
る。自分の態度を改める必要がある。

NO.9　変化 ・・・・・・・・・・・・彼女は変わった。ひととおりのことを経験し、居
場所まで変えた可能性がある。

NO.10　旅 ・・・・・・・・・・・・・相談者には根無し草のようなところがあり、同じ
場所に留まらない。仕事の関係で移動が多いのか
もしれない。

NO.11　大金 ・・・・・・・・・・・経済的に安定している。有り余るほどのお金があ

る。小銭の使い道までとやかく言う人かもしれ
ない。

NO.12　若い女性 ‥‥‥‥相談者の娘、姉妹、または親戚の若い女性と仲が
良い。わがままで子どものように振る舞っている
かもしれない。

NO.13　若い男性 ‥‥‥‥相談者の息子、兄弟、または親戚の若い男性と仲
が良い。わがままで子どものように振る舞ってい
るかもしれない。

NO.14　悲しい知らせ ‥‥‥性格が悪く、あらゆることに文句を言い、悪い知
らせをもたらすことが多い。

NO.15　愛の実り ‥‥‥‥‥誠実なパートナーで、ブレることがなく、人間関
係を大切にする。100%信頼できる。

NO.16　心のうち ‥‥‥‥‥前もって計画するというより行動型の人。論理派
というより実践派。

NO.17　贈り物 ‥‥‥‥‥‥贈るのも贈られるのも大好きで、意外な人、天か
らの贈り物のような人である。

NO.18　子ども ‥‥‥‥‥‥新たな始まりを遂げた。もうすぐ母親になる。ま
たは幼い人柄の人かもしれない。

NO.19　弔い ‥‥‥‥‥‥‥‥終わり、別れ、死を身近に経験した。

NO.20　家 ‥‥‥‥‥‥‥‥家などの資産を持っている。一緒にいて和む人。
家族思い、家族の価値観を大切にしている。

NO.21　リビング ‥‥‥‥‥自分のことを明かさない人。プライバシーを大切
にし、限られた人としか親しくしない。家庭への
思い入れがとても強い。

NO.22　軍人 ‥‥‥‥‥‥‥‥制服のある職業の人である。秩序と規律を好み、
誠実に生き、実直にビジネスを営む。

NO.23　法廷 ‥‥‥‥‥‥‥‥高潔、信念や主義がある、常に期限を大切に
する。

NO.24　盗み ‥‥‥‥‥‥‥‥何かを持ち去るような人である。欲しいものを人
から盗んだり、奪ったりする傾向がある。

NO.25　名誉 ‥‥‥‥‥‥‥‥人から認められており、評判が良く、指導者とし
て尊敬されている。

NO.26　**幸運**・・・・・・・・・・幸運の持ち主である。自分の運の良さをわかって
おり、あらゆる試みに運の良さを活かしている。

NO.27　**予期せぬお金**・・・・・契約をうまく運ぶことができ、収入が増え続ける。

NO.28　**期待**・・・・・・・・・相談者の長所は粘り強さである。いつもアンテナ
を立て、この先何があるかに注意を払っている。

NO.29　**牢獄**・・・・・・・・・相談者はひとりぼっちである。うまくいかないの
は本人のせいかもしれない。

NO.30　**法律**・・・・・・・・・真剣に助言や忠告を求めており、知恵をしぼって
平穏や幸せを取り戻そうとする。

NO.31　**不調**・・・・・・・・・よく眠れず、健康ではない。性生活を営めないの
かもしれない。

NO.32　**悲痛**・・・・・・・・・鬱気味で、何かの中毒である。

NO.33　**邪心**・・・・・・・・・「コップに水が半分しか入っていない」という悲
観的な見方をする。うじうじ考えて悩み続けるの
が好きである。

NO.34　**多忙**・・・・・・・・・よく働き、やる気にあふれた、志のある女性。

NO.35　**遠路**・・・・・・・・・辛抱強く待ち、完璧なタイミングで行動を起こす人。

NO.36　**希望、大海**・・・・・・生まれ持った才能がある。サイキック能力やある
種の芸術的才能かもしれない。

結婚
MARRIAGE

Keywords

つながり、絆、固い約束、結束

マントラ:
私は、すべての人に真剣
に関わる

影響: ポジティブ

向き: なし

ひとことで言うと:
イエス

分野:
真剣な関係、結婚生活

　「結婚」のカードは、恐らく読者の皆さんの想像
どおり、あらゆる種類の約束や人間関係にかかわり
があります。恋愛のこともあれば仕事上のこともあ
り、周りに出ているカードを見て、その結びつきに
どんな影響が及んでいるか、何が関係を育む力に
なっているか、といった細かなことを読み取ります。

　私がカップルに関するリーディングをするとき
は、「結婚」の周りに出ているカードをよく見ます。
このカードは「ひとつに溶け合うこと」を意味する
場合もあり、2枚のカードをつなげているときがあ
ります。ルノルマンと同じように、カードにはポジ
ティブなカード同士がつながると意味が強められて
リーディング全体のポジティブさが高まり、ネガ
ティブなカード同士がつながると全体の結果がネガ
ティブに変わるほどネガティブさが強まる傾向があ
ります。「結婚」のカード自体は、どんなパートナー
シップに対してもポジティブな意味を持ちますが、

このカードが複数のネガティブなカードを結びつけているときは、それによってリーディング全体のネガティブな意味が強まる可能性があります。

「結婚」のカードとのコンビネーションの意味

NO.1　主役（男性）・・・・・・パートナーシップ。大切な男性とのつながり。

NO.2　主役（女性）・・・・・・パートナーシップ。大切な女性とのつながり。

NO.4　出会い・・・・・・・・・お祭りやお祝いでの出会い。

NO.5　ムッシュ・・・・・・・新郎または新婦の父。

NO.6　マダム・・・・・・・・新郎または新婦の母。

NO.7　うれしい便り・・・・・良いニュース。ポジティブな内容の手紙。ポジティブな内容の電話。

NO.8　嘘つき・・・・・・・・・パートナーのどちらかの気持ちや動機が100%誠実なものでない。

NO.9　変化・・・・・・・・・・カップルは、引っ越しをするか居場所を変えたいと思っている。何かを変えようと計画している。

NO.10　旅・・・・・・・・・・パートナーのどちらかが去っていく。この結婚から逃れたいと思っている。

NO.11　大金・・・・・・・・・ふたりの関係はカップルにとって大きな意味のある大切なものである。

NO.12　若い女性・・・・・・・早婚、経験不足、ナイーブ、無知。

NO.13　若い男性・・・・・・・早婚、経験不足、ナイーブ、無知。

NO.14　悲しい知らせ・・・・・カップルがネガティブな悲しいニュースを受け取る。落ち込んでいる。

NO.15　愛の実り・・・・・・・心から愛し合い、結婚を楽しみにしている。

NO.16　心のうち・・・・・・・カップルははっきりしない状態にある。あまりに多くのことが頭の中をよぎっている。

NO.17　贈り物・・・・・・・・相手との関係またはパートナーシップを天の恵みのようだと思っている。

NO.18　子ども・・・・・・・・そのカップルは子どものように振る舞っている。ナイーブ、甘やかされている、しつこい、要求が多い。

NO.19	弔い	カップルは離婚したいと思っている。幸せではない。関係は終わっている。

NO.19　弔い・・・・・・・・・・カップルは離婚したいと思っている。幸せではない。関係は終わっている。

NO.20　家・・・・・・・・・・カップルは家族と過ごすのが楽しく、家や家庭生活を愛している。

NO.21　リビング・・・・・・・カップルはもっと親密になる必要がある。お互いに心を開くべきである。カップルの部屋。

NO.22　軍人・・・・・・・・・制服がある職業同士のカップル。支配的な立場のカップル。規律正しく忠誠心の高いカップル。

NO.23　法廷・・・・・・・・・カップルは法律で認められた関係になりたいと思っている。係争中、離婚調停中、親権争い中である。

NO.24　盗み・・・・・・・・・自分たちのことを人に明かさないカップル。詐欺師同士のつながり。ふたり組の泥棒。

NO.25　名誉・・・・・・・・・成功しているカップル。有名なカップル。報われることの多い提携関係。評判の良い素晴らしいカップル。

NO.26　幸運・・・・・・・・・うまくいっているカップル。幸運な結びつき。天の祝福を受けた結婚。ハッピーエンド。

NO.27　予期せぬお金・・・・・良い契約。結婚費用。契約で少し利益が出る、カップルのための少額のお金。

NO.28　期待・・・・・・・・・期待どおりの提携関係。期待どおりの契約。辛抱強いカップル。

NO.29　牢獄・・・・・・・・・行き詰まった関係。停滞している関係。行き詰まった契約。孤立したカップル。孤独で寂しいカップル。孤独で寂しい関係。

NO.30　法律・・・・・・・・・カップルが離婚に向けて弁護士に連絡を取る。結婚カウンセリングを受けることにする。法的な問題に対応している。

NO.31　不調・・・・・・・・・ふたりの結婚生活はハッピーなものではない。不健康な関係にある。劇的なことが起こっている。

NO.32　悲痛・・・・・・・・・カップルは病気で、治療が必要である。

NO.33　邪心・・・・・・・・・カップルは怖がっている、隠しごとをしている、

疑っている、未解決の問題がある。

NO.34　多忙・・・・・・・・・・カップルが一緒に働いている。ビジネス上の取
引。事業の提携。

NO.35　遠路・・・・・・・・・・長距離の関係。結婚できるまでカップルが辛抱強
く待っている。長期にわたる固い約束。

NO.36　希望、大海・・・・・・カップルは希望を持っている、精神性を大切にす
る、互いに相手を信じている。

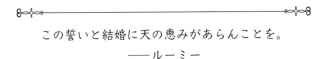

この誓いと結婚に天の恵みがあらんことを。

——ルーミー

「結婚」のカードにまつわる**リーディング例**

　ローズが私のリーディングに訪れました。彼女は占星術師でしたがカード・リーディングを受けたことはなく、はじめての体験にとてもワクワクしていました。具体的に聞きたいことは特になく、自分にどんなことが起こるのかを知りたがっていました。私がカードをシャッフルし(訳注3)、彼女にカードをカットしてもらい(訳注4)、グラン・タブローでリーディングを行いました。私は相談者にカードをカットしてもらいます。読者の皆さんには自分のカードを人に触られたくないという方が多いと思いますが、私にとってはカードに相談者のエネルギーを吹き込むために必要なことで、リーディングが終わったら毎回デッキを浄化します（浄化の方法については後ほど本書の中で説明します）。

　さて、ローズのリーディングではじめに出たのは次の3枚でした。

　何の疑問の余地もありません。ローズはこのとき交際している年上の男性がいると認めましたし、愛に関するカードが近くに出ていて良い方向に進むと思ったので、あなたはその男性と結婚するだろうと伝えました。しかも15「愛の実り」

訳注3 カードを無作為に混ぜること。カードを切ったり、テーブルに広げて両手で混ぜ合わせたり、いろいろな方法がある。
訳注4 カードをいくつかの束に分けて、順番を入れ替えること。

「結婚」　　　　　「愛の実り」　　　　「ムッシュ」

は2「主役（女性）」のハウスの中にあり、5「ムッシュ」は3「結婚」のハウス
の中に出ていたので（ハウスの意味については263頁で説明しています）、ふた
りの絆や関係の強さは明らかでした。

　3カ月後、ローズからメールを受け取りました。その男性からプロポーズされ
11月に結婚することになったという報告でした。

4

出会い

A MEETING

Keywords

集まり、再会、会合、出会い

このカードのメッセージのひとつは「パーティーしよう」です。「出会い」は、親戚や友人、同僚との集い、再会を祝すひととき、皆で集まること、和解したり親睦を深めたりする楽しい時間などを意味します。

たとえば、勉強仲間、インターネットでつながっている人たち、FacebookファンやFB友達、YouTubeチャンネルの登録者の方々など、何らかのグループについて深く知りたいとき、私はこのカードを使います。何かの集団を表すカードだととらえてみてください。新たな出会い、新しい友人、自分の社会生活や社会的な結びつきを表すこともあります。

マントラ：私は喜ぶ

影響：中立的

向き：なし

ひとことで言うと：
どちらとも言えない

分野：集団

「出会い」のカードとのコンビネーションの意味

NO.1　主役（男性）‥‥‥‥大切な男性との出会いやつながり。

NO.2　主役（女性）‥‥‥‥大切な女性との出会いやつながり。

NO.3　結婚‥‥‥‥‥‥‥‥お祭りやお祝いでの出会い。

NO.5　ムッシュ‥‥‥‥‥年配の男性との出会いやつながり。

NO.6　マダム‥‥‥‥‥‥年配の女性との出会いやつながり。

NO.7　うれしい便り‥‥‥会合、出会い、お祝いの場での良いニュース、ポジティブな内容の連絡ややり取り。

NO.8　嘘つき‥‥‥‥‥‥悪賢く危険な人物との遭遇。

NO.9　変化‥‥‥‥‥‥‥お祝いの最中または会合の中での変化、イベントの延期。

NO.10　旅‥‥‥‥‥‥‥‥イベントに行く。

NO.11　大金‥‥‥‥‥‥‥重要な会合、集まり、出会い。

NO.12　若い女性‥‥‥‥‥若い女性と会う、つながりを持つ。

NO.13　若い男性‥‥‥‥‥若い男性と会う、つながりを持つ。

NO.14　悲しい知らせ‥‥‥何かの出来事の最中に知るネガティブな悲しいニュース。

NO.15　愛の実り‥‥‥‥‥心から愛し合い、結婚を楽しみにしている。

NO.16　心のうち‥‥‥‥‥デート。愛に満ちた出会い。愛する人に会う。

NO.17　贈り物‥‥‥‥‥‥お祝い。誕生日。ハッピーな出来事。

NO.18　子ども‥‥‥‥‥‥洗礼式。新生児。ベビー・シャワー。(訳注5)

NO.19　弔い‥‥‥‥‥‥‥葬式。夜会うこと。

NO.20　家‥‥‥‥‥‥‥‥新築や引っ越しのお祝い。家族の再会。

NO.21　リビング‥‥‥‥‥プライベートで会う。親密な相手と何かを祝う。

NO.22　軍人‥‥‥‥‥‥‥制服がある職業の人と会う約束。

NO.23　法廷‥‥‥‥‥‥‥公判の日。法的な手続き。証人。

NO.24　盗み‥‥‥‥‥‥‥危険な会合や出会い。お祝いの最中に何かを盗ま

訳注5 出産を間近に控えた妊婦のために、家族や友人などが集まって安産を願うパーティー。

れる。

NO.25　名誉 ‥‥‥‥‥‥ 報酬。何かの形で評価される。お祝い、表彰式や
卒業式。

NO.26　幸運 ‥‥‥‥‥‥ 幸運な出会い。ハッピーな会。良い仲間がいること。

NO.27　予期せぬお金 ‥‥ 驚くような会話。予期せぬ再会。

NO.28　期待 ‥‥‥‥‥‥ 会合。交流会。パーティーなどの予定。

NO.29　牢獄 ‥‥‥‥‥‥ グループに囚われている。限られた人の輪の中に
いる。

NO.30　法律 ‥‥‥‥‥‥ 弁護士に連絡を取る。専門家のアドバイスを求める。

NO.31　不調 ‥‥‥‥‥‥ 伝染病。病人の集まり。

NO.32　悲痛 ‥‥‥‥‥‥ 社会的な危機。患者や被害者などの自助グループ。

NO.33　邪心 ‥‥‥‥‥‥ 人と交流する機会や社会との関わりを避ける。

NO.34　多忙 ‥‥‥‥‥‥ 仕事と結婚している。仕事の場で恋人ができる。

NO.35　遠路 ‥‥‥‥‥‥ 別の地域や国で行われる会合、集まり、再会。長
期にわたる固い約束。

NO.36　希望、大海 ‥‥‥ 運命の出会い。社会的な集団。グループ・リー
ディング。サイキックに関する大会。

「出会い」のカードにまつわるリーディング例

　年末年始のお休みの頃、ディナーに招かれました。自分とは違うタイプの人たちと同席することや、文句ばかり口にする人、いつも人と口論になる人、知ったかぶりが好きな人たちが集まる会であることは事前にわかっていました。

　そこで、このパーティーの成り行きと何に注意すべきかをデッキに尋ねてみました。こういうときはスリーカードを使って、ポイントを突いた明解なアドバイスを得るのが良いでしょう。私が引いたカードは以下の3枚でした。

　私は、ディナーの席に良からぬ女性がおり、その正体不明の人物を相手にしなくてはならず、その人はそもそも私のことを良く思っていない——私がどんな人間かを決めつけている、という意味だと解釈しました。15「愛の実り」が出ているのは少し安心で、彼女を認めて愛のあるポジティブな思いを向ける限りは、状況は良いほうに向かうと期待できました。ご存じない方にお伝えすると、私は祈

「嘘つき」　　　　　「心のうち」　　　　　「愛の実り」

りを大切にし、祈りの驚くべき力を固く信じています。この3枚のカードは、目を閉じて自分の天使を呼び、そのディナー・パーティーと会を手伝っている人たち、食べ物や飲み物、音楽、会場の建物、会場までの道のり――とにかくすべてに！――愛と慈しみの思いを送るようにと私に伝えていました。

　年末の時期に渋滞にも遭わず、時間どおりに着いたのは奇跡でした。私は笑顔で迎えられ、温かいもてなしを受けました。カードが示した良からぬ人物が誰かもわかりました。パーティーの終わるころにその女性から、あなたはこういう人だと思っていたが、自分の考えは間違いだった、と告げられました。

　何年もカード・リーディングをしていますが、リーディングは決まった運命を示すのではなく、力を与えてくれます。カードはいつもとても有益なアドバイスをくれます。私たちはそのアドバイスに従えばよいだけ。カンタンですね！

5

ムッシュ

THE GOOD LORD

父親的、助けてくれる、
支えになる、愛のある、大人の

　「ムッシュ」^(訳注6)のカードは、父親、祖父、義理の父親といった年配の男性を表します。たいていは相談者にポジティブな影響をもたらし、いつも助けてくれる人を指しています。人生経験の豊かな「ムッシュ」は、助けの手を差し伸べて穏やかな状況をもたらす相談者の味方であり、ありがたい存在です。

　このカードには成熟という意味もあります。私にはジョージという大好きな叔父がおり、私がはじめて手にしたルノルマンのデッキは、23年前にその叔父がくれたものでした。地上に降りた天使のような存在で、まさに「ムッシュ」です。ちなみに、ゲイのカップルの方へのリーディングでは「主役（男性）」と「ムッシュ」がカップルを表すカードになります。

マントラ：
私は守られ、愛されている

影響：ポジティブ

向き：左

ひとことで言うと：
イエス

分野：父親、家父長制

訳注6 一般的には「紳士」と訳されることが多い。原書から伝わるマスラック氏の世界を表すため、フランス語で男性を意味する「ムッシュ」という名称にした。

左側にあるカードとのコンビネーションの意味＝未来

NO.1　主役（男性）・・・・・・相談者の男性が、年配の男性、支えになってくれる友人、または父親とやり取りすることになる。

NO.2　主役（女性）・・・・・・相談者の女性が、年配の男性、支えになってくれる友人、または父親とやり取りすることになる。

NO.3　結婚・・・・・・・・・「ムッシュ」はもうすぐ結婚する、またはビジネス上の取引をする。

NO.4　出会い・・・・・・・・「ムッシュ」は何らかの交流会に入っている、または何らかのグループと会う。

NO.6　マダム・・・・・・・・・年配のカップル、両親、祖父母、年配の恋人同士。

NO.7　うれしい便り・・・・・「ムッシュ」への書類、手紙、連絡、契約書。

NO.8　嘘つき・・・・・・・・・過去のライバルまたは敵。敵に裏をかかれる。

NO.9　変化・・・・・・・・・・「ムッシュ」が変化の只中にある。

NO.10　旅・・・・・・・・・・・「ムッシュ」が旅立つ。

NO.11　大金・・・・・・・・・・お金持ちの年配の男性、名づけ親の男性、保護者。

NO.12　若い女性・・・・・・・若い女性と一緒にいる年配の男性、娘と一緒にいる父親、女性の孫と一緒にいる祖父。

NO.13　若い男性・・・・・・・若い男性と一緒にいる年配の男性、息子と一緒にいる父親、男性の孫と一緒にいる祖父。

NO.14　悲しい知らせ・・・・・ネガティブな知らせを受け取る。憂鬱な気分。悪い知らせへの対応。

NO.15　愛の実り・・・・・・・「ムッシュ」が恋に落ちる。情事。幸せでポジティブな恋愛や性生活。

NO.16　心のうち・・・・・・・「ムッシュ」は何かで頭がいっぱいである。よく考えている。いろいろあって落ち着かない。

NO.17　贈り物・・・・・・・・周りで喜ばしいことが起こる。贈り物が届く。うれしい訪問を受ける。

NO.18　子ども・・・・・・・・新たな始まり。妊娠。「ムッシュ」に罪はない。

NO.19　弔い・・・・・・・・・終わり、別れ。葬儀の手伝い。

NO.20　家・・・・・・・・・・不動産などの資産を買う。一緒にいて和む人。実

家やマイホーム。遺産。

NO.21　リビング　‥‥‥‥「ムッシュ」はくつろいでいる。「ムッシュ」の個
　　　　　　　　　　　　人的なプライベート空間。

NO.22　軍人‥‥‥‥‥‥正式な話、公の話になる。「ムッシュ」が制服の
　　　　　　　　　　　　ある職業の人と出会う。

NO.23　法廷‥‥‥‥‥‥最終決定、正義の勝利。「ムッシュ」に対して正
　　　　　　　　　　　　式に決まる。

NO.24　盗み‥‥‥‥‥‥「ムッシュ」がなくしたものが戻ってくる。泥棒
　　　　　　　　　　　　が捕まる。

NO.25　名誉‥‥‥‥‥‥「ムッシュ」は成功している、認められる、もう
　　　　　　　　　　　　すぐ昇進するかもしれない。

NO.26　幸運‥‥‥‥‥‥「ムッシュ」は幸運である、思い切ってしたこと
　　　　　　　　　　　　が好結果を生み、大いに成功する。

NO.27　予期せぬお金‥‥‥思いがけない儲けを手にする。うまく交渉して結
　　　　　　　　　　　　んだ契約から「ムッシュ」に利益が出始める。予
　　　　　　　　　　　　想外のうれしい驚き。

NO.28　期待‥‥‥‥‥‥「ムッシュ」は何かとても欲しいもの、したいこ
　　　　　　　　　　　　とを我慢している。隣のカードが何を期待してい
　　　　　　　　　　　　るかを表す。

NO.29　牢獄‥‥‥‥‥‥「ムッシュ」は自由に行動できない。孤独、隔離、
　　　　　　　　　　　　更生施設にいる。足踏み状態、停滞。

NO.30　法律‥‥‥‥‥‥「ムッシュ」が弁護士と会う、専門的な知識や技
　　　　　　　　　　　　能を求める、法的な問題に対処している。

NO.31　不調‥‥‥‥‥‥「ムッシュ」の体調が悪い、発熱、軽い感染症で
　　　　　　　　　　　　ある、軽い鬱状態である、休むべきである、寝た
　　　　　　　　　　　　ほうがよい。

NO.32　悲痛‥‥‥‥‥‥「ムッシュ」にとってこれから先が大変である、
　　　　　　　　　　　　目の前に問題や困難が山積している。パターン、
　　　　　　　　　　　　鬱、中毒。

NO.33　邪心‥‥‥‥‥‥「ムッシュ」はネガティブな気分である。恐れに
　　　　　　　　　　　　囚われて大げさに騒ぎ立てている。後ろ向きに考
　　　　　　　　　　　　えている。

NO.34　多忙・・・・・・・・・・・よく働き、やる気にあふれた人。「ムッシュ」には大志がある。仕事の依頼や採用通知。

NO.35　遠路・・・・・・・・・・・「ムッシュ」は遠くへ行こうとしている。耐えること——すぐには実現しない。

NO.36　希望、大海・・・・・・海外旅行や渡航。「ムッシュ」に外国の地で予期していた出来事が起こる。希望に胸が膨らむ。

右側にあるカードとのコンビネーションの意味=過去

NO.1　主役（男性）・・・・・・年配の男性、支えになってくれる友人、または父親とのやり取り。

NO.2　主役（女性）・・・・・・年配の女性、支えになってくれる友人、または母親とのやり取り。

NO.3　結婚・・・・・・・・・・・「ムッシュ」が結婚した、またはビジネス上の取引をしていた。

NO.4　出会い・・・・・・・・・「ムッシュ」が懇親会に出席した。

NO.6　マダム・・・・・・・・・・年配のカップル、両親、祖父母、年配の恋人同士、仲が良くない。

NO.7　うれしい便り・・・・・書類、手紙、連絡、契約書。

NO.8　嘘つき・・・・・・・・・過去のライバル、敵、不誠実な人に出会った。

NO.9　変化・・・・・・・・・・・「ムッシュ」が変化の只中にあった。

NO.10　旅・・・・・・・・・・・「ムッシュ」が旅立った。

NO.11　大金・・・・・・・・・・・「ムッシュ」はお金持ち、ビジネスマン、裕福な人だった。

NO.12　若い女性・・・・・・・若い女性と一緒にいる年配の男性、娘と一緒にいる父親、女性の孫と一緒にいる祖父。

NO.13　若い男性・・・・・・・若い男性と一緒にいる年配の男性、息子と一緒にいる父親、男性の孫と一緒にいる祖父。

NO.14　悲しい知らせ・・・・・「ムッシュ」がネガティブな知らせを受け取った。憂鬱な気分。悪い知らせへの対応。

NO.15　愛の実り・・・・・・・「ムッシュ」は恋をしていた、情事を重ねていた。

NO.16　心のうち ・・・・・・・・・「ムッシュ」は何かで頭がいっぱいだった。よく考えていた。いろいろあって落ち着かなかった。

NO.17　贈り物 ・・・・・・・・・・「ムッシュ」の周りで喜ばしいことが起こった。贈り物。うれしい訪問。

NO.18　子ども ・・・・・・・・・・「ムッシュ」は新たな始まりを経験した。妊娠。「ムッシュ」に罪はなかった。

NO.19　弔い ・・・・・・・・・・・終わり、別れ。葬儀の手伝い。

NO.20　家 ・・・・・・・・・・・・不動産などの資産を買った。一緒にいて和む人。実家やマイホーム。遺産。

NO.21　リビング ・・・・・・・「ムッシュ」はもうくつろいでいない。「ムッシュ」にはプライベートがない。

NO.22　軍人・・・・・・・・・・・正式、公的な話だった。「ムッシュ」が制服のある職業の人と出会った。軍隊にいた、または将校だった。

NO.23　法廷・・・・・・・・・・・正義が勝利した。「ムッシュ」に対して正式、公的に決まった。

NO.24　盗み・・・・・・・・・・・「ムッシュ」がなくしたものが戻ってきた。泥棒が捕まった。

NO.25　名誉・・・・・・・・・・・「ムッシュ」は成功していた、認められた、昇進する見通しだった。

NO.26　幸運・・・・・・・・・・・「ムッシュ」は幸運だった。思い切ってしたことが好結果を生み、大いに成功すると思っていた。

NO.27　予期せぬお金 ・・・・思いがけない儲けを手にした。うまく交渉して結んだ契約から「ムッシュ」に利益が出始めた。予想外のうれしい驚き。

NO.28　期待・・・・・・・・・・・「ムッシュ」は何かとても欲しいもの、したいことを我慢していた。隣のカードが何を期待しているかを表す。

NO.29　牢獄・・・・・・・・・・・「ムッシュ」は自由に行動できず、孤独で、隔離されていた。更生施設にいた。足踏み状態だった。

NO.30　法律・・・・・・・・・・・「ムッシュ」が弁護士と会った、専門的な知識や技能を求めた、法的な問題に対処した。

NO.31　不調・・・・・・・・・・・「ムッシュ」の体調が悪かった、熱があった、軽い感染症だった、軽い鬱状態だった、休むべきだった、寝たほうがよかった。

NO.32　悲痛・・・・・・・・・・・「ムッシュ」が大変な時期や問題を経験した。目の前に問題や困難が山積していた。パターン、鬱、中毒。

NO.33　邪心・・・・・・・・・・・「ムッシュ」はネガティブな気分、喪失状態だった。大げさに騒ぎ立てた。後ろ向きに考えていた。

NO.34　多忙・・・・・・・・・・・よく働き、やる気にあふれた人。「ムッシュ」には大志があった。仕事の依頼や採用通知が来た。

NO.35　遠路・・・・・・・・・・・「ムッシュ」が遠く離れた目的地に向かい、辛抱を重ねた。

NO.36　希望、大海・・・・・・過去の海外旅行や渡航。「ムッシュ」に外国の地で予期していた出来事が起こった。希望を失った。

上側にあるカードとのコンビネーションの意味＝考えていること

NO.1　主役（男性）・・・・・・父親が息子、孫、または相談者のことを考えている。
NO.2　主役（女性）・・・・・・父親が娘、孫、または相談者のことを考えている。
NO.3　結婚・・・・・・・・・・・・「ムッシュ」は調和の取れた関係を夢見ている。将来のパートナーシップまたは取引について考えている。
NO.4　出会い・・・・・・・・・人と会う約束、懇親会、イベント、何らかのグループと会うことについて考えている。
NO.6　マダム・・・・・・・・・年配の女性、力になってくれる女性の友人のことを考えている。
NO.7　うれしい便り・・・・・「ムッシュ」はもっと良いコミュニケーションを取りたいと心から望んでいる。メッセージまたは手紙のやり取りのことを考えている。
NO.8　嘘つき・・・・・・・・・敵、ライバル、抜け目のない危険人物のことを考えている。

NO.9　変化・・・・・・・・・・・変化について考えている。「ムッシュ」は引っ越しや居場所を変えることを考えている。

NO.10　旅・・・・・・・・・計画を変えること、旅行について考えている。どこか特定の目的地に憧れている。

NO.11　大金・・・・・・・・「ムッシュ」は自分の経済的な安定のことを考えている。彼は自分の懐具合のことをずっと考えている。彼にとってお金はとても大切である。

NO.12　若い女性・・・・・・娘、姉妹、または若い親戚の女性のこと、若い恋人のことを考えている。

NO.13　若い男性・・・・・・・息子、兄弟、または若い親戚の男性のこと、若い恋人のことを考えている。

NO.14　悲しい知らせ・・・・悲しい思い、悪い知らせへの恐れ、ネガティブな考え。

NO.15　愛の実り・・・・・・・成功について考えている。自分の恋愛や性生活について考えている。

NO.16　心のうち・・・・・・・「ムッシュ」はいろいろ考えているところである。

NO.17　贈り物・・・・・・・・贈り物について、うれしい訪問について考えている。

NO.18　子ども・・・・・・・・新たな始まりについて考えている。無邪気な考え、ナイーブな考え、何か新しい計画、赤ちゃんのことを考えている。

NO.19　弔い・・・・・・・・・終わり、別れ、葬儀のことを考えている。

NO.20　家・・・・・・・・・・不動産などの資産、何かを建てること、家族のことを考えている。

NO.21　リビング・・・・・・・自分のプライベートな生活、家の周辺で起こっていることを考えている。家族のことを考えている。

NO.22　軍人・・・・・・・・・コントロールされているという感覚がある。戦略や闘う計画を立てている。

NO.23　法廷・・・・・・・・・法的な問題、重要な決断について、期限のことを考えている。

NO.24　盗み・・・・・・・・・なくしたもののことを考えている。損失を振り返っている。「ムッシュ」は何かを持ち去ろうと

思っている。

NO.25　名誉・・・・・・・・・・・「ムッシュ」は勉強や研究について考えている。彼は頭が良く、自分に才能や能力があると知っている。

NO.26　幸運・・・・・・・・・・・「ムッシュ」は自分の運、自分に開かれているさまざまな扉のことを考えている。

NO.27　予期せぬお金・・・・・「ムッシュ」は契約、儲けの多い取引のことを考えている。今の自分の財政状況への不安感かもしれない。

NO.28　期待・・・・・・・・・・・「ムッシュ」は中年の女性を思い浮かべている。または自分のゴールや動機、ものごとの今後について考えている。

NO.29　牢獄・・・・・・・・・・・孤独な自分について考えており、自由を夢見ている。

NO.30　法律・・・・・・・・・・・弁護士の助けを借りること、法的に争うことについて考えている。

NO.31　不調・・・・・・・・・・・自分の体調があまり優れないことについて考えている。不眠。「ムッシュ」は前向きになり元気を出すべき状況にいる。

NO.32　悲痛・・・・・・・・・・・これから先が大変だと思っている。問題や困難が山積している。鬱、場合によっては中毒に直面している。

NO.33　邪心・・・・・・・・・・・ネガティブな気分。恐れに囚われている。大げさに騒ぎ立てている。後ろ向きに考えている。

NO.34　多忙・・・・・・・・・・・「ムッシュ」は仕事のことで頭がいっぱいである。頭を使って論理的に考える仕事をしている。

NO.35　遠路・・・・・・・・・・・遠く離れた目的地のことを考えている。「ムッシュ」はものごとを事前に計画する。

NO.36　希望、大海・・・・・・異文化に心を奪われている。地に足を着けて現実的に考える必要がある。

下側にあるカードとのコンビネーションの意味=実現していること

NO.1 主役（男性）・・・・・・相談者の男性は良い人で、友人を支え、良き父親である。

NO.2 主役（女性）・・・・・・相談者の女性は良い人で、友人を支え、良き母親である。

NO.3 結婚・・・・・・・・・・「ムッシュ」は幸せな結婚をしている。真剣な交際相手やパートナーがいる。ポジティブな取引や契約を成立させた。

NO.4 出会い・・・・・・・・とても社交的な人で、イベント、集まり、懇親会に出ている。

NO.6 マダム・・・・・・・・良い人で、友人を支えている。

NO.7 うれしい便り・・・・人柄が良く、人とよくコミュニケーションを取り、良いニュースをもたらすことが多い。

NO.8 嘘つき・・・・・・・・「ムッシュ」がうまくいかないのは本人のせいかもしれない。向き合うべき相手は自分自身や自分の悪賢い性格であり、自分の態度を改める必要がある。

NO.9 変化・・・・・・・・・彼は変わった。ひととおりのことを経験し、居場所まで変えた可能性がある。

NO.10 旅・・・・・・・・「ムッシュ」には根無し草のようなところがあり、同じ場所に留まらない。仕事の関係で移動が多いのかもしれない（たとえばトラック運転手など）。

NO.11 大金・・・・・・・・お金持ちの年配の男性、パパさん。

NO.12 若い女性・・・・・・・自分の娘、孫、または親戚の若い女性と仲が良い。わがままで子どものように振る舞っているかもしれない。

NO.13 若い男性・・・・・・・自分の息子、孫、または親戚の若い男性と仲が良い。わがままで子どものように振る舞っているかもしれない。

NO.14 悲しい知らせ・・・・・「ムッシュ」は性格が悪く、あらゆることに文句

を言い、悪い知らせをもたらすことが多い。

NO.15　愛の実り ・・・・・・「ムッシュ」は誠実なパートナーで、ブレることが
　　　　　　　　　　　　なく、人間関係を大切にする。100%信頼できる。

NO.16　心のうち ・・・・・・前もって計画するというより行動型の人。論理派
　　　　　　　　　　　　というより実践派。

NO.17　贈り物 ・・・・・・・贈るのも贈られるのも大好きで、意外な人、天か
　　　　　　　　　　　　らの贈り物のような人である。

NO.18　子ども ・・・・・・・新たな始まりを遂げた。もうすぐ父親または祖父
　　　　　　　　　　　　になる。または幼い人柄の人。

NO.19　弔い ・・・・・・・・終わり、別れ、死を身近に経験した。

NO.20　家 ・・・・・・・・・「ムッシュ」は家などの資産を持っている。一緒
　　　　　　　　　　　　にいて和む人。家族思い。家族の価値観を大切に
　　　　　　　　　　　　している。

NO.21　リビング ・・・・・・自分のことを明かさない人。プライバシーを大切
　　　　　　　　　　　　にし、限られた人としか親しくしない。家庭への
　　　　　　　　　　　　思い入れがとても強い。

NO.22　軍人・・・・・・・・・「ムッシュ」は制服のある職業の人である。秩序
　　　　　　　　　　　　と規律を好み、誠実に生き、実直にビジネスを
　　　　　　　　　　　　営む。

NO.23　法廷・・・・・・・・・「ムッシュ」は高潔で、信念や主義がある、常に
　　　　　　　　　　　　期限を大切にする。

NO.24　盗み・・・・・・・・・「ムッシュ」は何かを持ち去るような人である。
　　　　　　　　　　　　欲しいものを人から盗んだり、奪ったりする傾向
　　　　　　　　　　　　がある。

NO.25　名誉・・・・・・・・・「ムッシュ」は人から認められており、評判が良
　　　　　　　　　　　　く、指導者として尊敬されている。

NO.26　幸運・・・・・・・・・「ムッシュ」は幸運の持ち主である。自分の運の
　　　　　　　　　　　　良さをわかっており、あらゆる試みに運の良さを
　　　　　　　　　　　　活かしている。

NO.27　予期せぬお金 ・・・・・「ムッシュ」は契約をうまく運ぶことができ、収
　　　　　　　　　　　　入が増え続ける。

NO.28　期待・・・・・・・・・彼の長所は粘り強さである。いつもアンテナを立

て、この先何があるかに注意を払っている。

NO.29　**牢獄**‥‥‥‥‥孤独な年配の男性。うまくいかないのは本人のせいかもしれない。

NO.30　**法律**‥‥‥‥‥「ムッシュ」は真剣に助言や忠告を求めており、知恵をしぼって平穏や幸せを取り戻そうとする。

NO.31　**不調**‥‥‥‥‥「ムッシュ」はよく眠れず、体調が良くない。性生活を営めないのかもしれない。

NO.32　**悲痛**‥‥‥‥‥「ムッシュ」は鬱気味で、何かの中毒である。

NO.33　**邪心**‥‥‥‥‥「コップに水が半分しか入っていない」という悲観的な見方をする。うじうじ考えて悩み続けるのが好きである。

NO.34　**多忙**‥‥‥‥‥よく働き、やる気にあふれた、志のある人。

NO.35　**遠路**‥‥‥‥‥辛抱強く待ち、完璧なタイミングで行動を起こす人。

NO.36　**希望、大海**‥‥‥「ムッシュ」には生まれ持った才能がある。サイキック能力やある種の芸術的才能かもしれない。

マダム

THE GOOD LADY

Keywords

母親的、助けてくれる、
支えになる、愛のある、大人の

マントラ：
私は守られ、愛されている

影響：ポジティブ

向き：右

ひとことで言うと：
イエス

分野：母親、母権制

「マダム」^(訳注7)のカードは、母親、祖母、義理の母親など、年配の女性を表します。たいていは相談者にポジティブな影響をもたらし、いつも相談に乗って支えてくれる人を指しています。人生経験の豊かな「マダム」は、助けの手を差し伸べて穏やかな状況をもたらす味方であり、相談者にとってありがたい存在です

このカードには成熟という意味もあります。たとえばワイン、チーズ、ピクルスなど、素晴らしいものが生まれるまでに時間がかかるとき、「マダム」はじっと耐えられる人です。

レズビアンのカップルの方へのリーディングでは2「主役（女性）」と「マダム」がカップルを表すカードになります。

訳注7 一般的には「淑女」と訳されることが多い。原書に描かれたマスラック氏の世界を表すため、フランス語で女性を意味する「マダム」という名称にした。

左側にあるカードとのコンビネーションの意味=過去

NO.1　主役（男性）・・・・・・・相談者の男性は、年配の女性、支えになってくれ
る友人、または母親とやり取りしていた。

NO.2　主役（女性）・・・・・・・相談者の女性は、年配の女性、支えになってくれ
る友人、または母親とやり取りしていた。

NO.3　結婚・・・・・・・・・・・・「マダム」が結婚した、またはビジネス上の取引
をしていた。

NO.4　出会い・・・・・・・・・・「マダム」が懇親会に出ていた、または何らかの
グループと会っていた。

NO.5　ムッシュ・・・・・・・・年配のカップル、両親、祖父母、年配の恋人同
士、仲が良くない。

NO.7　うれしい便り・・・・・書類、手紙、連絡、または契約書が受け取られた。

NO.8　嘘つき・・・・・・・・過去の敵、ライバル、不誠実な人に出会った。

NO.9　変化・・・・・・・・・・「マダム」は変化の只中にあった。

NO.10　旅・・・・・・・・・・・・「マダム」が旅立った。

NO.11　大金・・・・・・・・・・「マダム」は、お金持ち、ビジネスウーマン、裕
福な人だった。

NO.12　若い女性・・・・・・・若い女性と一緒にいる年配の女性、娘と一緒にい
る母親、女性の孫と一緒にいる祖母。

NO.13　若い男性・・・・・・・若い男性と一緒にいる年配の女性、息子と一緒に
いる母親、男性の孫と一緒にいる祖母。

NO.14　悲しい知らせ・・・・・「マダム」がネガティブな知らせを受け取った。
憂鬱な気分である。悪い知らせへの対応をして
いる。

NO.15　愛の実り・・・・・・・「マダム」は恋をしていた、交際していた。

NO.16　心のうち・・・・・・・「マダム」は何かで頭がいっぱいだった。よく考
えていた。いろいろあって落ち着かなかった。

NO.17　贈り物・・・・・・・・周りで喜ばしいことが起こった。贈り物をもらっ
た。うれしい訪問を受けた。

NO.18　子ども・・・・・・・・「マダム」は新たな始まりを経験した。妊娠した。

「マダム」に罪はなかった。

NO.19　弔い・・・・・・・・・・・・　終わり、別れ。葬儀の手伝い。

NO.20　家　・・・・・・・・・・・・　不動産などの資産を買った。一緒にいて和む人。
　　　　　　　　　　　　　　　　実家やマイホーム。遺産。

NO.21　リビング　・・・・・・・・　「マダム」はもうくつろいでいない。

NO.22　軍人・・・・・・・・・・・・　正式、公的な話だった。「マダム」が制服のある
　　　　　　　　　　　　　　　　職業の人と出会った。軍隊にいた、または将校
　　　　　　　　　　　　　　　　だった。

NO.23　法廷・・・・・・・・・・　正義が勝利した。「マダム」に対して正式、公的
　　　　　　　　　　　　　　　　に決まった。

NO.24　盗み・・・・・・・・・・　「マダム」がなくしたものが戻ってきた。泥棒が
　　　　　　　　　　　　　　　　捕まった。

NO.25　名誉・・・・・・・・・・　「マダム」は成功していた、認められた、昇進す
　　　　　　　　　　　　　　　　る見通しだった。

NO.26　幸運・・・・・・・・・・　「マダム」は幸運だった。思い切ってしたことが
　　　　　　　　　　　　　　　　好結果を生み、大いに成功すると思っていた。

NO.27　予期せぬお金・・・・・　思いがけない儲けを手にした。うまく交渉して結
　　　　　　　　　　　　　　　　んだ契約から「マダム」に利益が出始めた。予想
　　　　　　　　　　　　　　　　外のうれしい驚き。

NO.28　期待・・・・・・・・・・・　「マダム」は何かとても欲しいもの、したいこと
　　　　　　　　　　　　　　　　を我慢していた。隣のカードが何を期待している
　　　　　　　　　　　　　　　　かを表す。

NO.29　牢獄・・・・・・・・・・・　「マダム」は自由に行動できず、孤独で、隔離さ
　　　　　　　　　　　　　　　　れていた。更生施設にいた。足踏み状態だった。

NO.30　法律・・・・・・・・・・・　「マダム」が弁護士と会った、専門的な知識や技
　　　　　　　　　　　　　　　　能を求めた、法的な問題に対処した。

NO.31　不調・・・・・・・・・・・　「マダム」の体調が悪かった、熱があった、軽い
　　　　　　　　　　　　　　　　感染症だった、軽い鬱状態だった、休むべきだっ
　　　　　　　　　　　　　　　　た、寝たほうがよかった。

NO.32　悲痛・・・・・・・・・・・　「マダム」は大変だった。目の前に問題や困難が
　　　　　　　　　　　　　　　　山積していた。パターン、鬱、中毒。

NO.33　邪心・・・・・・・・・・・　「マダム」はネガティブな気分だった、恐れに囚

われていた。大げさに騒ぎ立てた。後ろ向きに考
えていた。

NO.34 多忙・・・・・・・・・・ よく働き、やる気にあふれた人。「マダム」には
大志があった。仕事の依頼や採用通知が来た。

NO.35 遠路・・・・・・・・・・ 「マダム」は遠く離れた目的地に向かい、辛抱を
重ねた。

NO.36 希望、大海・・・・・・ 「マダム」は海外旅行に行った、海を渡った。「マ
ダム」に外国の地で出来事が起こった。希望を
持っていた。

 右側にあるカードとのコンビネーションの意味=**未来**

NO.1 主役（男性）・・・・・ 相談者の男性が、年配の女性、支えになってくれ
る友人、または母親とやり取りすることになる。

NO.2 主役（女性）・・・・・ 相談者の女性が、年配の女性、支えになってくれ
る友人、または母親とやり取りすることになる。

NO.3 結婚・・・・・・・・・・ 「マダム」がもうすぐ結婚する、またはビジネス
上の取引をする。

NO.4 出会い・・・・・・・・ 「マダム」が何らかの交流会に入っている、また
は何らかのグループと会う。

NO.5 ムッシュ・・・・・・・ 年配のカップル、両親、祖父母、年配の恋人同士。

NO.7 うれしい便り・・・・・ 「マダム」への書類、手紙、連絡、契約書。

NO.8 嘘つき・・・・・・・・ 過去のライバルまたは敵、不誠実な人に出会う。

NO.9 変化・・・・・・・・・・ 「マダム」が変化の只中にある。

NO.10 旅・・・・・・・・・・・ 「マダム」が旅立つ。

NO.11 大金・・・・・・・・・ お金持ちの「マダム」、名づけ親の女性、保護者。

NO.12 若い女性・・・・・・ 若い女性と一緒にいる年配の女性。娘と一緒にい
る母親、女性の孫と一緒にいる祖母。

NO.13 若い男性・・・・・・ 若い男性と一緒にいる年配の女性、息子と一緒に
いる母親、男性の孫と一緒にいる祖母。

NO.14 悲しい知らせ・・・・・ ネガティブな知らせを受け取る、憂鬱な気分、悪

い知らせへの対応。

NO.15　愛の実り ・・・・・・・「マダム」が恋に落ちる、情事、幸せでポジティブな恋愛や性生活。

NO.16　心のうち ・・・・・・・「マダム」は何かで頭がいっぱいである。よく考えている。いろいろあって落ち着かない。

NO.17　贈り物 ・・・・・・・・・周りで喜ばしいことが起こる。贈り物。うれしい訪問。

NO.18　子ども ・・・・・・・・・新たな始まり。妊娠。「マダム」に罪はない。

NO.19　弔い ・・・・・・・・・・終わり、別れ。葬儀の手伝い。

NO.20　家 ・・・・・・・・・・・不動産などの資産を買う。一緒にいて和む人。実家やマイホーム。遺産。

NO.21　リビング ・・・・・・・「マダム」はくつろいでいる。「マダム」の個人的なプライベート空間。

NO.22　軍人・・・・・・・・・・正式な話、公の話になる。「マダム」は制服のある職業の人と出会う。

NO.23　法廷・・・・・・・・・・最終決定、正義の勝利、「マダム」に対して正式に決まる。

NO.24　盗み・・・・・・・・・・「マダム」がなくしたものが戻ってくる。泥棒が捕まる。

NO.25　名誉・・・・・・・・・・「マダム」は成功している、認められる、もうすぐ昇進するかもしれない。

NO.26　幸運・・・・・・・・・・「マダム」は幸運である、思い切ってしたことが好結果を生み、大いに成功する。

NO.27　予期せぬお金 ・・・・・思いがけない儲けを手にする。うまく交渉して結んだ契約から「マダム」に利益が出始める。予想外のうれしい驚き。

NO.28　期待・・・・・・・・・・「マダム」は何かとても欲しいもの、したいことを我慢している。隣のカードが何を期待しているかを表す。

NO.29　牢獄・・・・・・・・・・「マダム」は自由に行動できない。孤独、隔離、更生施設にいる。足踏み状態、停滞。

NO.30　法律・・・・・・・・・・「マダム」が弁護士と会う、専門的な知識や技能

を求める、法的な問題に対処している。

NO.31　不調・・・・・・・・・・・「マダム」は体調が悪い、発熱、軽い感染症である、軽い鬱状態である、休むべきである、寝たほうがよい。

NO.32　悲痛・・・・・・・・・・・「マダム」にとってこれから先が大変である、目の前に問題や困難が山積している。パターン、鬱、中毒。

NO.33　邪心・・・・・・・・・・・「マダム」はネガティブな気分である。恐れに囚われている。大げさに騒ぎ立てている。後ろ向きに考えている。

NO.34　多忙・・・・・・・・・・・よく働き、やる気にあふれた、大志のある「マダム」。仕事の依頼や採用通知。

NO.35　遠路・・・・・・・・・・・「マダム」は遠くへ行こうとしている。耐えること――すぐには実現しない。

NO.36　希望、大海・・・・・・海外旅行や渡航。「マダム」に外国の地で出来事が起こる。希望に胸が膨らむ。

上側にあるカードとのコンビネーションの意味＝考えていること

NO.1　主役（男性）・・・・・・母親が息子、孫、または相談者の男性のことを考えている。

NO.2　主役（女性）・・・・・・母親が娘、孫、または相談者の女性のことを考えている。

NO.3　結婚・・・・・・・・・・・「マダム」が調和の取れた関係を夢見ている。将来のパートナーシップまたは取引について考えている。

NO.4　出会い・・・・・・・・・人と会う約束、懇親会、イベント、何らかのグループと会うことについて考えている。

NO.5　ムッシュ・・・・・・・・年配の男性、力になってくれる男性の友人のことを考えている。

NO.7　うれしい便り・・・・・「マダム」はもっと良いコミュニケーションを取

りたいと心から望んでいる。メッセージまたは手
紙のやり取りのことを考えている。

NO.8　嘘つき・・・・・・・・・「マダム」は敵、ライバル、抜け目のない危険人
物のことを考えている。

NO.9　変化・・・・・・・・・・変化について考えている。「マダム」は引っ越し
や居場所を変えることを考えている。

NO.10　旅・・・・・・・・・・・計画を変えること、旅行について考えている。ど
こか特定の目的地に憧れている。

NO.11　大金・・・・・・・・・「マダム」は自分の経済的な安定のことを考えて
いる。彼女は自分の懐具合のことをずっと考えて
いる。彼女にとってお金はとても大切である。

NO.12　若い女性・・・・・娘、姉妹、または若い親戚の女性のこと、若い恋
人のことを考えている。

NO.13　若い男性・・・・・息子、兄弟、または若い親戚の男性のこと、若い
恋人のことを考えている。

NO.14　悲しい知らせ・・・・悲しい思い、悪い知らせへの恐れ、ネガティブな
考え。

NO.15　愛の実り・・・・・・成功について、自分の恋愛や性生活について考え
ている。

NO.16　心のうち・・・・・・「マダム」はいろいろ考えているところである。

NO.17　贈り物・・・・・・・贈り物について、うれしい訪問について考えてい
る。うれしくなるような考え。

NO.18　子ども・・・・・・・新たな始まりについて考えている。無邪気な考
え、ナイーブな考え、何か新しい計画、赤ちゃん
のことを考えている。

NO.19　弔い・・・・・・・・終わり、別れを考えている。葬儀のことを考えて
いる。

NO.20　家・・・・・・・・・不動産などの資産、何かを建てることを考えて
いる。

NO.21　リビング・・・・・・自分のプライベートな生活、家の周辺で起こって
いることを考えている。

NO.22　軍人・・・・・・・・コントロールされているという感覚がある。戦略

や闘う計画を立てている。

NO.23　法廷・・・・・・・・・・・法的な問題、重要な決断について、期限のことを考えている。

NO.24　盗み・・・・・・・・・・・なくしたもののことを考えている。損失を振り返っている。「マダム」は何かを持ち去ろうと思っている。

NO.25　名誉・・・・・・・・・・・「マダム」は勉強や研究について考えている。彼女は頭が良く、自分に才能や能力があると知っている。

NO.26　幸運・・・・・・・・・・・「マダム」は自分の運、自分に開かれているさまざまな扉のことを考えている。

NO.27　予期せぬお金・・・・「マダム」は契約、儲けの多い取引のことを考えている。今の自分の財政状況への不安感かもしれない。

NO.28　期待・・・・・・・・・・・「マダム」は中年の女性を思い浮かべている。または自分のゴールや動機、ものごとの今後について考えている。

NO.29　牢獄・・・・・・・・・・・「マダム」は孤独な自分について考えており、自由を夢見ている。

NO.30　法律・・・・・・・・・・・弁護士の助けを借りること、法的に争うことについて考えている。

NO.31　不調・・・・・・・・・・・自分の体調があまり優れないことについて考えている。不眠。「マダム」は前向きになり元気を出すべき状況にいる。

NO.32　悲痛・・・・・・・・・・・これから先が大変だと思っている。問題や困難が山積している。鬱、場合によっては中毒に直面している。

NO.33　邪心・・・・・・・・・・・ネガティブな気分。恐れに囚われている。大げさに騒ぎ立てている。後ろ向きに考えている。

NO.34　多忙・・・・・・・・・・・仕事のことで頭がいっぱいである。「マダム」は仕事で論理的に考え頭を使う。

NO.35　遠路・・・・・・・・・・・遠く離れた目的地のことを考えている。「マダム」

はものごとを事前に計画する。

NO.36 希望、大海‥‥‥‥「マダム」は異文化に心を奪われている。地に足を着けて現実的に考える必要がある。

下側にあるカードとのコンビネーションの意味=実現していること

NO.1 主役（男性）‥‥‥‥相談者の男性は良い人で、友人を支え、良き父親である。

NO.2 主役（女性）‥‥‥‥相談者の女性は良い人で、友人を支え、良き母親である。

NO.3 結婚‥‥‥‥‥‥‥「マダム」は幸せな結婚をしている。真剣な交際相手やパートナーがいる。ポジティブな取引や契約を成立させた。

NO.4 出会い‥‥‥‥‥‥とても社交的な人で、イベント、集まり、懇親会に出ている。

NO.5 ムッシュ‥‥‥‥‥良い人で、友人を支える。

NO.7 うれしい便り‥‥‥‥人柄が良い。人とよくコミュニケーションを取り、良いニュースをもたらすことが多い。

NO.8 嘘つき‥‥‥‥‥‥「マダム」がうまくいかないのは本人のせいかもしれない。向き合うべき相手は自分自身や自分の悪賢い性格であり、自分の態度を改める必要がある。

NO.9 変化‥‥‥‥‥‥‥彼女は変わった。ひととおりのことを経験し、居場所まで変えた可能性がある。

NO.10 旅‥‥‥‥‥‥‥「マダム」には根無し草のようなところがあり、同じ場所に留まらない。仕事の関係で移動が多いのかもしれない。

NO.11 大金‥‥‥‥‥‥‥お金持ち、若いツバメを囲っている。

NO.12 若い女性‥‥‥‥‥自分の娘、孫、または親戚の若い女性と仲が良い。わがままで子どものように振る舞っているかもしれない。

NO.13　若い男性　‥‥‥‥自分の息子、孫、または親戚の若い男性と仲が良い。わがままで子どものように振る舞っているかもしれない。

NO.14　悲しい知らせ　‥‥‥「マダム」は性格が悪く、あらゆることに文句を言い、悪い知らせをもたらすことが多い。

NO.15　愛の実り　‥‥‥‥「マダム」は誠実なパートナーで、ブレることがなく、人間関係を大切にする。100%信頼できる。

NO.16　心のうち　‥‥‥‥「マダム」は前もって計画するというより行動型の人。論理派というより実践派。

NO.17　贈り物　‥‥‥‥‥贈るのも贈られるのも大好きで、意外な人、天からの贈り物のような人である。

NO.18　子ども　‥‥‥‥‥「マダム」は新たな始まりを遂げた。もうすぐ母親または祖母になる。または幼い人柄の人。

NO.19　弔い　‥‥‥‥‥‥「マダム」は終わり、別れ、死を身近に経験した。

NO.20　家　‥‥‥‥‥‥「マダム」は家などの資産を持っている。一緒にいて和む人。家族思い。家族の価値観を大切にしている。

NO.21　リビング　‥‥‥‥「マダム」は自分のことを明かさない人。プライバシーを大切にし、限られた人としか親しくしない。家庭への思い入れがとても強い。

NO.22　軍人　‥‥‥‥‥‥「マダム」は、制服のある職業の人である。秩序と規律を好み、誠実に生き、実直にビジネスを営む。

NO.23　法廷　‥‥‥‥‥‥「マダム」は高潔で、信念や主義がある。常に期限を大切にする。

NO.24　盗み　‥‥‥‥‥‥「マダム」は何かを持ち去るような人である。欲しいものを人から盗んだり、奪ったりする傾向がある。

NO.25　名誉　‥‥‥‥‥‥「マダム」は人から認められており、評判が良く、指導者として尊敬されている。

NO.26　幸運　‥‥‥‥‥‥「マダム」は幸運の持ち主である。自分の運の良さをわかっており、あらゆる試みに運の良さを活

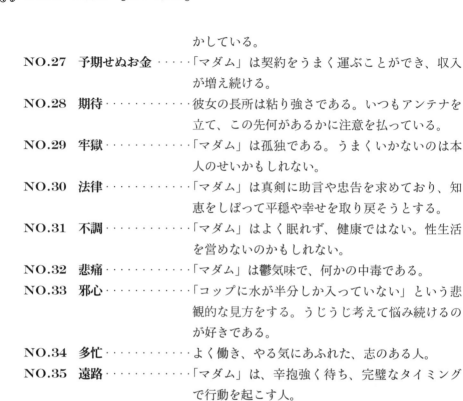

かしている。

NO.27　予期せぬお金 ・・・・・「マダム」は契約をうまく運ぶことができ、収入が増え続ける。

NO.28　期待・・・・・・・・・・彼女の長所は粘り強さである。いつもアンテナを立て、この先何があるかに注意を払っている。

NO.29　牢獄・・・・・・・・・・「マダム」は孤独である。うまくいかないのは本人のせいかもしれない。

NO.30　法律・・・・・・・・・・「マダム」は真剣に助言や忠告を求めており、知恵をしぼって平穏や幸せを取り戻そうとする。

NO.31　不調・・・・・・・・・・「マダム」はよく眠れず、健康ではない。性生活を営めないのかもしれない。

NO.32　悲痛・・・・・・・・・・「マダム」は鬱気味で、何かの中毒である。

NO.33　邪心・・・・・・・・・・「コップに水が半分しか入っていない」という悲観的な見方をする。うじうじ考えて悩み続けるのが好きである。

NO.34　多忙・・・・・・・・・・よく働き、やる気にあふれた、志のある人。

NO.35　遠路・・・・・・・・・・「マダム」は、辛抱強く待ち、完璧なタイミングで行動を起こす人。

NO.36　希望、大海 ・・・・・・「マダム」には生まれ持った才能がある。サイキック能力やある種の芸術的才能かもしれない。

人は愛から生まれる。愛は我々の母である。

――ルーミー

うれしい便り

A PLEASANT LETTER

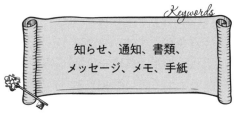

知らせ、通知、書類、
メッセージ、メモ、手紙

「うれしい便り」は、紙に書かれたメッセージ、手紙、口頭でのやり取り、電話など、あらゆる形のコミュニケーションを意味します。また文書、覚え書き、計画書、さまざまな報告書など、書類に関係している事柄を指していることもあります。中立的な意味のカードでも周りのカードによって意味が変わるように、このカードも周りに出ているカードの影響を受けてポジティブな意味がさらに強まることもあれば、ネガティブな意味になる場合もあります。

マントラ:
私は素晴らしい知らせを
受け取る

影響:
ポジティブ

向き:なし

ひとことで言うと:
イエス

分野:手紙のやり取りや
ペーパーワーク

「うれしい便り」のカードとのコンビネーションの**意味**

NO.1	**主役（男性）** ‥‥‥	過去のコミュニケーション。相談者の男性にとって不快なメッセージまたは電話。
NO.2	**主役（女性）** ‥‥‥	良い知らせ。知らせが来る。ポジティブな内容の連絡。相談者の女性にとってポジティブな内容の電話。
NO.3	**結婚** ‥‥‥‥‥	取引についての良い知らせやメッセージ。結婚式の招待状。ビジネスの契約。
NO.4	**出会い** ‥‥‥‥	良い知らせ。出会いの場。偶然の出会い。またはお祝いの席でのポジティブな連絡ややり取り。
NO.5	**ムッシュ** ‥‥‥	ポジティブな年配の男性からの前向きな内容の文書、手紙、連絡、契約。
NO.6	**マダム** ‥‥‥‥	ポジティブな年配の女性からの前向きな内容の文書、手紙、連絡、契約。
NO.8	**嘘つき** ‥‥‥‥	誤解を生むメッセージ。敵がメッセージを受け取る。文書に注意する。
NO.9	**変化** ‥‥‥‥‥	ポジティブな変化。良い知らせがすべてを変える。ポジティブな結果。
NO.10	**旅** ‥‥‥‥‥	旅行に関する書類、運転免許証、車検証、保険証書。
NO.11	**大金** ‥‥‥‥‥	融資や与信の契約書。ポジティブなお金の取引。お金を受け取る。
NO.12	**若い女性** ‥‥‥	若い女性からのメッセージ。若い女性に関する連絡または文書。若い女性に連絡を取る。長く交際している恋人からのメッセージ。
NO.13	**若い男性** ‥‥‥	若い男性からのメッセージ。若い男性に関する連絡または文書。若い男性に連絡を取る。長く交際している恋人からのメッセージ。
NO.14	**悲しい知らせ** ‥‥	悪い知らせ。「うれしい便り」のポジティブな兆しを消し去る。
NO.15	**愛の実り** ‥‥‥	ラブレター。愛と感謝を伝える。

NO.16　心のうち ・・・・・・・ まだ頭の中で考えているだけの計画、図、スケッチ、デザイン。まだ書面になっていないもの。

NO.17　贈り物 ・・・・・・・・ 天からのメッセージ。プレゼントの入った小包。ポジティブな驚き。うれしい訪問。

NO.18　子ども ・・・・・・・・ 出産報告。出生証明書。朝早くメッセージが届く。

NO.19　弔い ・・・・・・・・・ 死亡証明書。死亡通知。夜遅くメッセージが届く。

NO.20　家 ・・・・・・・・・・ 権利証書。家族からの良い知らせ。不動産の契約。

NO.21　リビング ・・・・・・・ プライベートなメッセージ。個人的な連絡。パーソナルな日記。

NO.22　軍人 ・・・・・・・・・ 正式な手紙。制服がある職業の人との会話や手紙。警察の調書や捜査報告書。

NO.23　法廷 ・・・・・・・・・ 法的な文書。裁判所からの通知。公判の日。証人陳述書。

NO.24　盗み ・・・・・・・・・ なくした書類。虚偽の申し立て。ネガティブな手紙。

NO.25　名誉 ・・・・・・・・・ 証明書。賞状。卒業証書。ビジネスの取引。

NO.26　幸運 ・・・・・・・・・ 巨額の財産を約束するメッセージ。ものごとのポジティブな展開。桁外れに素晴らしい知らせ。大事な書類。

NO.27　予期せぬお金 ・・・・ 想定外の連絡。返金。金券。割引券。

NO.28　期待 ・・・・・・・・・ 中年の女性からのメッセージ。来るはずの電話、手紙、メッセージ。

NO.29　牢獄 ・・・・・・・・・ 法律で禁止されている。ブロックされたメッセージ。保護命令の通知。

NO.30　法律 ・・・・・・・・・ 法的な文書。弁護士からの手紙。訴訟の通知。

NO.31　不調 ・・・・・・・・・ 健診結果。検査結果。健康管理に関するカタログや小冊子。何かを邪魔するコミュニケーション。

NO.32　悲痛 ・・・・・・・・・ 悲しい知らせ。何か特定のメッセージまたは文書への恐れ。哀悼の言葉。苦しい気持ちを伝えるメッセージ。

NO.33　邪心 ・・・・・・・・・ 苦しい気持ちを伝えるメッセージ。疑いやネガティブな考えが次々浮かぶメッセージ。

NO.34　**多忙**・・・・・・・・・・仕事に関する文書。著述家。詩人。ブロガー。執
筆活動を通して自己表現する人。

NO.35　**遠路**・・・・・・・・・・待っていたメッセージや書類。遠くから届く文書。

NO.36　**希望、大海**・・・・・・希望のメッセージ。ボートやクルーズ船のチケッ
ト。外国からの手紙。

 「うれしい便り」のカードにまつわる**リーディング例**

　仕事上、私は契約書や記事、相談者の方からの感想や手紙、オンラインでの依
頼など、ありとあらゆる手紙や書類を受け取ります。時折、小包や手紙が時間ど
おりに届かなかったり、配達中になくなったりするので、カードを使って荷物が
どこにあるかを調べます。

　そんなときは「うれしい便り」のカードが鍵になります。「うれしい便り」を
はさんで左右に出るカードを読み取るのです。

　これは、あるデッキがなかなか届かなかったときのリーディングの例です。

「牢獄」　　　　　　　「うれしい便り」　　　　　　「旅」

　自分が待っている荷物がどこか——恐らく税関——で止まっており（29「牢
獄」）、自分がそこまで出向いて状況を調べなくてはならない（10「旅」）、と私は
解釈しました。そのとおりにしたところ、インボイスがないために荷物の中身を
確認できず、税関で止まっていたことがわかりました。

言葉にする、
声は荒げず。
花を咲かせるのは雨で、
雷ではない。
──ルーミー

嘘つき

FALSE PERSON

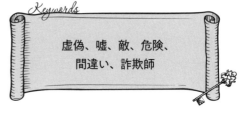

Keywords

虚偽、嘘、敵、危険、
間違い、詐欺師

マントラ:
私を超えるパワーは誰に
もどこにもない

影響: ネガティブ

向き: 左

ひとことで言うと: ノー

分野: 敵や危険

　「嘘つき」のカードは、自分に敵対している人や状況などを表すカードです。「光るものすべてが金ではない」ことに気をつけて！　カードが人を表すときは、嘘をついている人、嫉妬している人、または混乱やトラブルを招く人を表している可能性があります。その人を突き動かしている動機は何か、その人はなぜ誠実さに欠ける行動を取るのかを問うべきタイミングかもしれません。

　カードが状況を表すときは、明らかに望ましい状況ではないでしょう。判断を誤る恐れがあるか、間違った行動に関わっていることを意味します。

　この人物または状況は、いつもあなたを混乱させ、傷つけようとすることを覚えておいてください。よく様子を見て気を抜かないように！

訳注8 見かけが立派でも中身が伴っているとは限らない、という意味の格言。

左側にあるカードとのコンビネーションの意味=未来

NO.1 主役（男性）‥‥‥‥敵が「主役（男性）」を裏切ろうとしている。周りの人たちに注意すること。顔では笑っているが、腹黒いひどい人である。

NO.2 主役（女性）‥‥‥‥危険な女性とやり取りする。敵と対立する。口論している。難局。良くない女性。

NO.3 結婚‥‥‥‥‥‥‥嫉妬している女性。ソウル・メートのような関係を妬んでいる。昔その女性がパートナーのどちらかを操っていた恐れがある。悪事との関わり。

NO.4 出会い‥‥‥‥‥‥間違った約束。敵が潜んでいるかもしれない懇親会やイベント。再会の場での口論。

NO.5 ムッシュ‥‥‥‥‥年配の良くない男性。人を操作する。「嘘つき」がまもなく「ムッシュ」に出会う。

NO.6 マダム‥‥‥‥‥‥詐欺師が人柄も気前も良い女性とやり取りしている。悪意のある交流。悪徳と美徳の対立。

NO.7 うれしい便り‥‥‥‥良くない手紙。悪い知らせ。詐欺師からの知らせや連絡。ネガティブな内容の電話。

NO.9 変化‥‥‥‥‥‥‥間違った方向。居場所の良くない変化。敵のほうへ向かっている。ライオンの巣穴のような危険な場所に飛び込む。

NO.10 旅‥‥‥‥‥‥‥‥間違った進路。良くないことになりそうな旅行。危険な旅路を歩みだす。車の隠れた欠陥。

NO.11 大金‥‥‥‥‥‥‥詐欺が横行している。取引に注意すべき。取引が無効になる。

NO.12 若い女性‥‥‥‥‥血のつながっていない娘。養女。偽の友。偽。嘘つき。羊の皮をかぶった狼。

NO.13 若い男性‥‥‥‥‥血のつながっていない息子。養子（男）。偽の友。偽。嘘つき。羊の皮をかぶった狼。

NO.14 悲しい知らせ‥‥‥‥落胆。間違った結果または偽の結果。悪い知らせ。

NO.15 愛の実り‥‥‥‥‥誠実でないパートナー。情事。間違った関係。

NO.16　心のうち ・・・・・・・・間違った考え。幻想。混乱した考え。

NO.17　贈り物 ・・・・・・・・・・間違った贈り物。良くない訪問。不快な驚き。変装している敵。

NO.18　子ども ・・・・・・・・・幼い養子。間違った決定。虚偽。子どもの頃の嫉妬心。

NO.19　弔い ・・・・・・・・・・苦しみながらの終結。別れ、終わり。

NO.20　家 ・・・・・・・・・・・・ネガティブな環境。環境の悪い地区。安全だという幻想。家族の中の裏切り者。

NO.21　リビング ・・・・・・・妬んでいる。裏切り者が身近にいる。自分の周りに気をつけること。間違った環境。

NO.22　軍人・・・・・・・・・・・見かけからはわからない詐欺師。正体がばれないように別人を演じている人。

NO.23　法廷・・・・・・・・・・・誤った決定。偽証。間違った情報に基づいた評決。堕落した弁護士。

NO.24　盗み・・・・・・・・・・・危険人物。詐欺。泥棒。悪用や虐待をする人。逃亡者。再犯者や常習犯。

NO.25　名誉・・・・・・・・・・・偽の学位。良いことが訪れないように敵が妨害している。成功の敵。

NO.26　幸運・・・・・・・・・・・誰かが幸運の邪魔をしている。自分の幸せが裏切り者の手中にある。誰かが前進を阻んでいる。

NO.27　予期せぬお金 ・・・・悪賢い人たちの相手をする。間違った契約。大金が届かない。

NO.28　期待・・・・・・・・・・・敵が何かを期待している。誰かが遠くから見ている。ネガティブな期待。間違った期待。

NO.29　牢獄・・・・・・・・・・・敵が閉じ込められている。裏切り者が罰せられている。「嘘つき」はひとりぼっちである。

NO.30　法律・・・・・・・・・・・偽弁護士。間違った専門知識。不正確なアドバイス。

NO.31　不調・・・・・・・・・・・誤診。仮病。精神病。いじめに遭う。

NO.32　悲痛・・・・・・・・・・・・・敵に噂を流されたり嫌がらせをされたりして非常に苦しむ。絶望しているふり。大げさに騒ぎ立てる。

NO.33　邪心・・・・・・・・・・・ネガティブな気分。誰かのせいで士気が下がる。

ネガティブな考え。

NO.34　多忙・・・・・・・・・・職場の裏切り者。仕事の場で人を操ろうとする。不誠実な同僚。

NO.35　遠路・・・・・・・・・・立ち去る決断は間違っている。敵はじっと待っている。遠くに旅行しないほうがよい。

NO.36　希望、大海・・・・・・海外旅行や移住は間違っている。思い違い。誤った希望。

右側にあるカードとのコンビネーションの意味＝過去

NO.1　主役（男性）・・・・・・敵が「主役（男性）」を裏切っていた。自分の周囲の人たちに注意すること。顔では笑っているが、腹黒いひどい人である。

NO.2　主役（女性）・・・・・・危険な女性の相手をする。敵と対立する。口論している。厳しい状況にある。過去に関わりのあった、良くない女性。

NO.3　結婚・・・・・・・・・・・・嫉妬している女性。ソウル・メートとの関係を誰かが妬んでいる。以前その女性がパートナーのひとりを操っていた。

NO.4　出会い・・・・・・・・・間違った約束。敵が潜んでいた懇親会やイベント。再会の場での口論。

NO.5　ムッシュ・・・・・・・良くない年配の男性。人を操作する。「嘘つき」が年配の男性に出会った。

NO.6　マダム・・・・・・・・・詐欺師が人柄も気前も良い女性を相手にしていた。悪意のあるやり取り。悪徳と美徳。

NO.7　うれしい便り・・・・・間違った手紙。悪い知らせ。詐欺師からの知らせまたは連絡。ネガティブな内容の電話。

NO.9　変化・・・・・・・・・・・以前に間違った方向に向かう決断をした。居場所の良くない変化。敵に向かって動いた。ライオンの巣穴のような危険な場所に飛び込んだ。

NO.10　旅・・・・・・・・・・・・以前に間違った方向に向かう決断をした。過去の

ネガティブな旅行。危険な旅路を歩みだした。車の隠れた欠陥。

NO.11　大金・・・・・・・・・詐欺が横行していた。取引に注意すべき。取引が無効になった。

NO.12　若い女性・・・・・・・血のつながっていない娘。養女、偽の友。偽物。嘘つき。羊の皮をかぶった狼。

NO.13　若い男性・・・・・・・血のつながっていない息子。偽の友。偽物。嘘つき。羊の皮をかぶった狼。

NO.14　悲しい知らせ・・・・落胆。間違った結果または偽の結果。悪い知らせ。

NO.15　愛の実り・・・・・・・誠実でないパートナー。情事。間違った関係。

NO.16　心のうち・・・・・・・間違った考え。幻想。混乱した考え。

NO.17　贈り物・・・・・・・・間違った贈り物。良くない訪問。悪い意味での驚き。変装している昔の敵。

NO.18　子ども・・・・・・・・幼い養子。間違った決定。虚偽。子どもの頃の嫉妬。

NO.19　弔い・・・・・・・・・苦しみながらの終結。別れ、終わり。

NO.20　家・・・・・・・・・・ネガティブな環境。環境の悪い地区。安全だという幻想。家族の中の裏切り者。

NO.21　リビング・・・・・・妬んでいた。裏切り者が身近にいた。自分の周りに気をつけること。間違った環境。

NO.22　軍人・・・・・・・・・見かけからはわからない詐欺師。正体がばれないように別人を演じている人。

NO.23　法廷・・・・・・・・・誤った決定。偽証。間違った情報に基づいた評決。堕落した弁護士。

NO.24　盗み・・・・・・・・・危険人物。詐欺。泥棒。悪用や虐待をする人。逃亡者。再犯者や常習犯。

NO.25　名誉・・・・・・・・・偽の学位。良いことが訪れないように敵が妨害していた。成功の敵。

NO.26　幸運・・・・・・・・・誰かが幸運の邪魔をしていた。自分の幸せが裏切り者の手中にあった。誰かが前進を阻んでいた。

NO.27　予期せぬお金・・・・悪賢い人たちの相手をした。間違った契約。大金が届かない。

NO.28　期待・・・・・・・・・敵が何かを期待していた。誰かが遠くから見てい

た。ネガティブな期待。間違った期待。

NO.29　牢獄・・・・・・・・・・・・敵が閉じ込められていた。裏切り者が罰せられて
　　　　　　　　　　　　いた。「嘘つき」はひとりぼっちだった。

NO.30　法律・・・・・・・・・・・・偽弁護士。間違った専門知識。不正確なアドバイス。

NO.31　不調・・・・・・・・・・・・誤診。仮病。精神病。いじめに遭った。

NO.32　悲痛・・・・・・・・・・・・敵に噂を流されたり嫌がらせをされたりして非常に
　　　　　　　　　　　　苦しんだ。絶望しているふり。大げさに騒ぎ立てた。

NO.33　邪心・・・・・・・・・・・・ネガティブな気分。誰かのせいで士気が下がっ
　　　　　　　　　　　　た。ネガティブな考え。

NO.34　多忙・・・・・・・・・・・・職場の裏切り者。仕事の場で人を操ろうとした。
　　　　　　　　　　　　不誠実な同僚。

NO.35　遠路・・・・・・・・・・・・立ち去る決断は間違っていた。敵はじっと待って
　　　　　　　　　　　　いた。遠くに旅行しないほうがよい。

NO.36　希望、大海・・・・・・海外旅行や移住は間違っていた。思い違い。誤っ
　　　　　　　　　　　　た希望。

上側にあるカードとのコンビネーションの意味=考えていること

NO.1　主役（男性）・・・・・・「嘘つき」は、どうやって相談者の男性にひどい
　　　　　　　　　　　　ことをしようかを考えている。

NO.2　主役（女性）・・・・・・「嘘つき」は、どうやって相談者の女性にひどい
　　　　　　　　　　　　ことをしようかを考えている。

NO.3　結婚・・・・・・・・・・・・「嘘つき」はカップルのふたりをどう操れるかを
　　　　　　　　　　　　考えている。

NO.4　出会い・・・・・・・・・・「嘘つき」は人と会う約束のことを考えている。
　　　　　　　　　　　　どうやってその集まりを自分にとって有利な会に
　　　　　　　　　　　　して、自分の思うように皆に信じさせるかを考え
　　　　　　　　　　　　ている。

NO.5　ムッシュ・・・・・・・・「嘘つき」は年配の男性、父親のことを考えてい
　　　　　　　　　　　　る。その男性をどうやって自分の得になるように
　　　　　　　　　　　　利用するかを考えている。

NO.6　マダム・・・・・・・・・・「嘘つき」は年配の女性、母親のことを考えている。その女性をどうやって自分の得になるように利用するかを考えている。

NO.7　うれしい便り・・・・・「嘘つき」は何か特定のメッセージまたは手紙のことを考えている。それを自分に有利になるように利用したいのかもしれない。

NO.9　変化・・・・・・・・・・・・「嘘つき」は変化について、引っ越しや居場所を変えることについて考えている。

NO.10　旅・・・・・・・・・・・変更、旅行、どこかに行くこと、どこかに潜んで自分の計画を準備することを考えている。

NO.11　大金・・・・・・・・・・「嘘つき」はお金のこと、どうやってもっとお金を手に入れるか、またはどうやって自分の計画のためにお金を使うかを考えている。「嘘つき」にとってお金はとても大切である。

NO.12　若い女性・・・・・・・「嘘つき」は、娘、姉妹、または若い親戚の女性のことを考えている。

NO.13　若い男性・・・・・・・「嘘つき」は、息子、兄弟、または若い親戚の男性のことを考えている。若い恋人のことを考えている。

NO.14　悲しい知らせ・・・・・「嘘つき」は悲しい思いをしている。悪い知らせを恐れている。ネガティブな考えに固執している。

NO.15　愛の実り・・・・・・・・「嘘つき」は、相手を誘惑してお願いをきいてもらい、自分に良いように愛情を操っているかもしれない。

NO.16　心のうち・・・・・・・その不誠実な人物はいろいろ考えているところである。

NO.17　贈り物・・・・・・・・・「嘘つき」は訪問について考えている。相手を操って自分が欲しいものを手に入れるために、どんな贈り物をするかを考えている。

NO.18　子ども・・・・・・・・・「嘘つき」は無邪気に考え、わがままな子どものようである。

NO.19　弔い・・・・・・・・・・・その不誠実な人物は、終わり、別れ、葬儀のことを考えている。

NO.20　家・・・・・・・・・・・「嘘つき」は不動産、何かを建てることを考えている。

NO.21　リビング・・・・・・・「嘘つき」は自分のプライベートな生活、家の周辺で起こっていることを考えている。

NO.22　軍人・・・・・・・・・・「嘘つき」は闘う計画を立てている。

NO.23　法廷・・・・・・・・・その不誠実な人物は、問題点について、どうやって自分に有利になるようにうまく法律を使えるかを考えている。

NO.24　盗み・・・・・・・・・「嘘つき」は泥棒である。どうやったら自分が欲しいものを手に入れられるかを考えている。より一層の注意を払うこと。

NO.25　名誉・・・・・・・・・非常に頭の良い敵で、一番になりたい、金メダルが欲しいと思っており、それを手に入れるためなら何でもする。

NO.26　幸運・・・・・・・・・・「嘘つき」は自分の運について、今まで自分の計画をどうやって成功させてきたかを考えている。

NO.27　予期せぬお金・・・・・「嘘つき」は契約、儲けの多い取引のことを考えている。そのお金を手に入れるために、皆にひどいことをする。

NO.28　期待・・・・・・・・・・「嘘つき」は中年の女性を思い浮かべている。または自分のゴールや動機について考えている。その不誠実な人物はものごとの今後について考えている。

NO.29　牢獄・・・・・・・・・・「嘘つき」は今自分がいるところからどうやって逃げ出すかを考えている。

NO.30　法律・・・・・・・・・その不誠実な人物は、その訴訟を自分にとって有利な状況にひっくり返すために弁護士を使っている。

NO.31　不調・・・・・・・・・・「嘘つき」は仮病を使っている。自分の体調を使って周りの人全員を操っている。

NO.32　悲痛・・・・・・・・・・・・「嘘つき」は、たいへんそうなふりをして、この悲しい状況をどうやって自分にとって有利になるようにするかを計画している。

NO.33　邪心・・・・・・・・・・・「嘘つき」はネガティブな気分で、恐れに囚われている。否定的な考えをたくさん抱えて、大げさに騒ぎ立てている。

NO.34　多忙・・・・・・・・・・・「嘘つき」は自分の仕事の計画を立てている。同僚や上司を操っているかもしれない。

NO.35　遠路・・・・・・・・・・・その不誠実な人物は、前もって計画している。非常に長い間、何かを操り続ける可能性がある。

NO.36　希望、大海・・・・・・・誤った希望を持ち続ける。「嘘つき」は遠くの国に移り住むことを考えている。

 下側にあるカードとのコンビネーションの意味=**実現していること**

NO.1　主役（男性）・・・・・・相談者の男性は不誠実な人である。

NO.2　主役（女性）・・・・・・相談者の女性は不誠実な人である。

NO.3　結婚・・・・・・・・・・・「嘘つき」は幸せな結婚をしている。真剣な交際相手やパートナーがいる。ポジティブな取引や契約を成立させた。

NO.4　出会い・・・・・・・・・「嘘つき」はとても社交的な人で、イベント、集まり、懇親会に出ている。

NO.5　ムッシュ・・・・・・・・その不誠実な人物が年配の男性をコントロールしている。

NO.6　マダム・・・・・・・・・その不誠実な人物が年配の女性をコントロールしている。

NO.7　うれしい便り・・・・・「嘘つき」はコミュニケーションをコントロールしている。情報をふるいにかけ、すべてを伝えていない。

NO.9　変化・・・・・・・・・・・「嘘つき」は変わった。ひととおりのことを経験し、居場所さえ変えた。

NO.10　旅　・・・・・・・・・・・・その不誠実な人物には根無し草のようなところがあり、同じ場所に留まらない。仕事の関係で移動が多いのかもしれない。

NO.11　大金・・・・・・・・・・・「嘘つき」は経済的に安定している。有り余るほどのお金がある。小銭の使い道までとやかく言う人かもしれない。

NO.12　若い女性　・・・・・・・その不誠実な人物は、自分の娘、姉妹、または親戚の若い女性をコントロールしている。わがままで子どものように振る舞っているかもしれない。

NO.13　若い男性　・・・・・・「嘘つき」は、自分の息子、兄弟、または親戚の若い男性をコントロールしている。わがままで子どものように振る舞っているかもしれない。

NO.14　悲しい知らせ　・・・・「嘘つき」は性格が悪く、あらゆることに文句を言い、悪い知らせをもたらすことが多い。

NO.15　愛の実り　・・・・・・・「嘘つき」はパートナーをコントロールしており、心から愛しているふりをしている。セックスと誘惑を利用して自分の欲しいものを手に入れようとする。

NO.16　心のうち　・・・・・・・「嘘つき」は前もって計画するというより行動型の人。論理派というより実践派。

NO.17　贈り物・・・・・・・・・「嘘つき」はもらうことが大好きである。仮面をかぶっている。「光るものすべて金ならず」である。

NO.18　子ども・・・・・・・・・その不誠実な人物は新たな始まりを遂げた。もうすぐ親になる。または幼い、子どもっぽい人柄の人の可能性がある。

NO.19　弔い・・・・・・・・・・・その不誠実な人物は終わり、別れ、死を身近に経験した。

NO.20　家　・・・・・・・・・・・「嘘つき」は家などの資産を持っている。家族全員をコントロールしている。

NO.21　リビング　・・・・・・・「嘘つき」は自分のことを明かさない人。プライバシーを大切にし、限られた人としか親しくしない。自分の心地よさにとてもこだわり、それを維

持するためなら何でもする。

NO.22　軍人‥‥‥‥‥‥‥‥「嘘つき」は、制服のある職業の人である。命令するのが好きで、意志が強く自分の人生とビジネスを自分で決める。

NO.23　法廷‥‥‥‥‥‥‥‥その不誠実な人物は状況をコントロールしている。法律的に有利な立場にある。

NO.24　盗み‥‥‥‥‥‥‥‥「嘘つき」は何かを持ち去るような人である。欲しいものを人から盗んだり、奪ったりする傾向がある。

NO.25　名誉‥‥‥‥‥‥‥‥「嘘つき」は詐欺師で卑怯者として知られている。

NO.26　幸運‥‥‥‥‥‥‥‥「嘘つき」は分不相応な高い評価を受けている。名声を手にするためなら誰でも誘惑する。

NO.27　予期せぬお金‥‥‥‥「嘘つき」がその契約をコントロールしている。詐欺まがいの手段で自分の収入を増やす。

NO.28　期待‥‥‥‥‥‥‥‥その不誠実な人物はとても粘り強い。いつもアンテナを立て、この先何があるかに注意を払っている。

NO.29　牢獄‥‥‥‥‥‥‥‥「嘘つき」は孤独な人である。敵の邪魔をしている。

NO.30　法律‥‥‥‥‥‥‥‥「嘘つき」は自分に有利になるように法律上のアドバイスを利用している。

NO.31　不調‥‥‥‥‥‥‥‥「嘘つき」はよく眠れず、健康ではない。性生活を営めないのかもしれない。

NO.32　悲痛‥‥‥‥‥‥‥‥「嘘つき」は鬱気味で、何かの中毒である。

NO.33　邪心‥‥‥‥‥‥‥‥その不誠実な人物は「コップに水が半分しか入っていない」という悲観的な見方をする。うじうじ考えて悩み続けるのが好きである。

NO.34　多忙‥‥‥‥‥‥‥‥「嘘つき」は、よく働き、やる気にあふれた、野心のある人。

NO.35　遠路‥‥‥‥‥‥‥‥「嘘つき」は辛抱強く待ち、完璧なタイミングで行動を起こす人。

NO.36　希望、大海‥‥‥‥‥その不誠実な人物には生まれ持った才能がある

が、他人をコントロールして操るために使う。
サイキック能力やある種の芸術的才能かもしれ
ない。

変化

A CHANGE

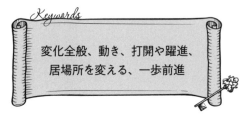

Keywords

変化全般、動き、打開や躍進、
居場所を変える、一歩前進

マントラ:
自分の人生に起こる変
化は、すべて私が起こし
ている

影響: 中立的

向き: なし

ひとことで言うと:
どちらとも言えない

分野: 移転や変化

　このカードがリーディングに出るときは、変化が
訪れるというサインです。周囲の状況が変わること
を示したり、あらゆる形の方向の変化を表したりし
ます。周りに出ているカードからどんなところに変
化が訪れるかがわかります。

「変化」のカードとのコンビネーションの**意味**

NO.1　主役（男性）・・・・・・相談者の男性にとっての変化。

NO.2　主役（女性）・・・・・・相談者の女性にとっての変化。

NO.3　結婚・・・・・・・・・・カップルにとっての変化。まもなくパートナーシップが結ばれる。ポジティブな取引または契約がなされる。

NO.4　出会い・・・・・・・・・人と会う約束、懇親会、イベントの変更。グループが変わる。

NO.5　ムッシュ・・・・・・・・「ムッシュ」にとっての変化。父親にとっての変化。ゆっくりとした居場所の変化。

NO.6　マダム・・・・・・・・・「マダム」にとっての変化。母親にとっての変化。ゆっくりとした居場所の変化。

NO.7　うれしい便り・・・・・変化が良いニュースをもたらす。手紙または小包が転送される。または別の住所に送られる。

NO.8　嘘つき・・・・・・・・・間違った変化。間違った方向。居場所の良くない変化。

NO.10　旅・・・・・・・・・・ものごとが動き始める。旅の計画が変更される。次の町へ移動する。

NO.11　大金・・・・・・・・・自分の財政状況の変化。それがポジティブなものかネガティブかは周りのカードで決まる。

NO.12　若い女性・・・・・・・娘、姉妹、または親戚の若い女性にとっての変化。

NO.13　若い男性・・・・・・・息子、兄弟、または親戚の若い男性にとっての変化。

NO.14　悲しい知らせ・・・・変化がネガティブまたは悲しいニュースをもたらす。変化で気持ちが沈む。

NO.15　愛の実り・・・・・・・ポジティブな変化。もうすぐ愛が訪れる。自分の恋愛や性生活の変化。

NO.16　心のうち・・・・・・・考えが変わる。ものごとの計画の立て方が変わる。複雑な思い。

NO.17　贈り物・・・・・・・・新築や引っ越しのお祝い。ポジティブな変化。プレゼント交換。来訪者。

NO.18　子ども ・・・・・・・・・新たな始まり。新しい局面。深夜から明け方に変化が訪れる。ちょっとした居場所の変化。

NO.19　弔い ・・・・・・・・・・終わり、別れ。夜に訪れる変化。

NO.20　家 ・・・・・・・・・・・家の引っ越し。実家がある町へ引っ越す。家族に変化がある。家のリフォーム。

NO.21　リビング ・・・・・・・身近な変化。家またはマンションの引っ越し。リフォーム。改築。改装。家族の変化。

NO.22　軍人 ・・・・・・・・・・新たな規制やルール。何らかのストレスになる変化。

NO.23　法廷 ・・・・・・・・・・出廷日が変更になる。証言が修正される。再度の召喚。

NO.24　盗み ・・・・・・・・・・変化が秘密にされる。居場所を変えている最中に盗みに遭う。変化によって失うものがある。

NO.25　名誉 ・・・・・・・・・・名声や人から認められたことが変化をもたらす。変化が成功につながる。ポジティブな変化。

NO.26　幸運 ・・・・・・・・・・ラッキーな変化。ハッピーな展開。ハッピーな結末。とてもポジティブ。

NO.27　予期せぬお金 ・・・・・変化がお金をもたらす。思いがけない儲けを手にする。うまく交渉して結んだ契約から利益が出る。想定外のうれしい驚き。

NO.28　期待 ・・・・・・・・・・期待どおりの変化。辛抱強く変化を待っている。動きを待っている。

NO.29　牢獄 ・・・・・・・・・・何の変化も起こらない。新しい刑務所への移送。変化が妨げられている。

NO.30　法律 ・・・・・・・・・・弁護士が能力を発揮して変化をもたらす。法的な問題の変化。

NO.31　不調 ・・・・・・・・・・病気が人生に変化をもたらす。健康上の問題で居場所が変わる。

NO.32　悲痛 ・・・・・・・・・・変化が痛みをもたらす。不幸な展開。悲しい状況。

NO.33　邪心 ・・・・・・・・・・変化への恐れ。動きたくない。居場所を変えたくない。差し迫る旅立ちにふさぎ込む。

NO.34　多忙 ・・・・・・・・・・移動に関わる仕事。転職。職場の上司や同僚に関して起こる変化。

NO.35　遠路 ············ 遠くへの移動または移転。耐えること——すぐには実現しない。

NO.36　希望、大海 ······ 変化への望み。はっきり見通せない変化。自分の信条または精神的な活動における変化。

「変化」のカードにまつわる**リーディング例**

　引っ越しをしたい場合、「変化」のカードに注目すると、それが適切な決断か、もう少し考えたほうがよいかがわかります。カードをシャッフルして相談内容に集中し、自分の知りたいことをデッキに告げ、「変化」が出るまでデッキを1枚ずつめくっていきます。そして「変化」とその後に続く3枚を読み取ります。たとえば、

「変化」　　　　「ムッシュ」　　　　「悲しい知らせ」　　　　「大金」

これは地主が高い家賃を要求してくることを意味します。

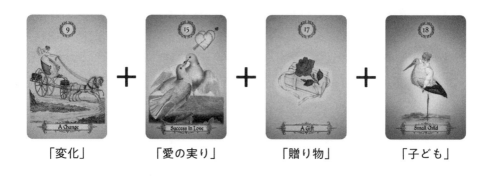

「変化」　　　　「愛の実り」　　　　「贈り物」　　　　「子ども」

この引っ越しには良い兆しが見られ、とても良い条件が得られます。

最後の一例も見てみましょう！

「変化」　　　　「旅」　　　　「希望、大海」　　　「主役（男性）」

相談者は外国に引っ越しをするか移住するようです。

「変化」の後に出るカードを読むのは未来を見たいからです。変化のカードそのものに向きはありませんが、本のページを左から右に読み進めるように、スプレッドであれば左が過去、右が未来、カードをめくっていくのであれば直前のカードが過去、後に続くカードが未来と私はとらえています。

10

旅

A JOURNEY

動き、移動、旅、交通、旅行

A Journey

「旅」は動き、小旅行、交通手段を示すカードです。私は主に、自分の車、遠出、国内旅行を表すカードとして使っています。このカードがリーディングで出るときは、今ものごとが動いており、もうすぐ何らかの変化があるというサインです。

「旅」のカードはまた（16「心のうち」と一緒に出たときは特に）内なる旅への招待を意味し、新しい世界へ踏みだすよう導いてくれます。

マントラ：
私はいつでも、あるべきタイミングに、ふさわしい人と、いるべき場所にいる

影響：中立的

向き：なし

ひとことで言うと：
どちらとも言えない

分野：交通、旅

「心のうち」

「旅」のカードとのコンビネーションの**意味**

NO.1　**主役（男性）**‥‥‥相談者の男性は旅の途上、道の半ばである。

NO.2　**主役（女性）**‥‥‥相談者の女性は旅の途上、道の半ばである。

NO.3　**結婚**‥‥‥‥‥‥結婚式に向かっている。イベントまたは式典に行くところ。真剣な交際に進んでいる。

NO.4　**出会い**‥‥‥‥‥人と会う約束に向かっている。打合せに行くところ。グループのところに向かっている。

NO.5　**ムッシュ**‥‥‥‥年配の男性のところに向かっている。年配の男性を車に乗せている。年配の男性と一緒に旅行している。年配の人と移動している。

NO.6　**マダム**‥‥‥‥‥年配の女性のところに向かっている。年配の女性を車に乗せている。年配の女性と一緒に旅行している。年配の人と移動している。

NO.7　**うれしい便り**‥‥‥旅行に関する書類。運転免許証。車検証。保険証書。

NO.8　**嘘つき**‥‥‥‥‥敵のところに向かっている。敵を車に乗せている。裏切り者と一緒に旅行している。

NO.9　**変化**‥‥‥‥‥‥新車。ものごとが前に進み始める。旅行の計画が変更になる。

NO.11　**大金**‥‥‥‥‥‥高額な車。賠償やリノベーションなど自分の車に関する出費。高額な旅行。旅行がお金をもたらす。

NO.12　**若い女性**‥‥‥‥娘、姉妹、または親戚の若い女性と旅行している。自分より若い人たちと旅行している。

NO.13　**若い男性**‥‥‥‥息子、兄弟、または親戚の若い男性と旅行している。自分より若い人たちと旅行している。

NO.14　**悲しい知らせ**‥‥‥旅行がキャンセルになる。車の故障。旅行できない。

NO.15　**愛の実り**‥‥‥‥ロマンチックな旅。休暇中の浮かれた行動。うまくいく旅行。大好きで大切にしている車。

NO.16　**心のうち**‥‥‥‥考えが変わる。計画の立て方が変わる。複雑な気持ち。

NO.17　贈り物・・・・・・・・・車をプレゼントされる。旅行をプレゼントされる。ポジティブで驚きのある旅。

NO.18　子ども・・・・・・・・赤ちゃんか幼い子どもと旅行している。日中の移動や旅行。新たなスタート。新車。

NO.19　弔い・・・・・・・・・夜の移動や旅行。旅先の事故。死への旅。廃車。修理不可能な車。

NO.20　家・・・・・・・・・・家族旅行。別荘。家族と一緒の旅行や移動。帰宅中。

NO.21　リビング・・・・・・・秘密の旅行。個人的な旅。家族の誰かに会いにいくところ。

NO.22　軍人・・・・・・・・・公式な旅行。安全な旅路。交通整理。

NO.23　法廷・・・・・・・・・ビザ。入国許可。裁判所に出向く。法律に関する旅行。

NO.24　盗み・・・・・・・・・内密の旅行。その旅行中に泥棒に遭うリスク。車の盗難。詐欺師の下へ出向く。詐欺師を車に乗せる。

NO.25　名誉・・・・・・・・・うまくいっている旅行。式典に向かう旅。卒業式。報われる。または車が当たる。

NO.26　幸運・・・・・・・・・ラッキーな変化。ハッピーな展開。ハッピーな結末。とてもポジティブ。

NO.27　予期せぬお金・・・・旅が多少のお金をもたらす。交渉に向かう旅行や移動。思わぬハッピーな旅路。中年の女性と旅行している。

NO.28　期待・・・・・・・・・期待している旅行。出発が待たれる。中年の女性と旅行している。

NO.29　牢獄・・・・・・・・・牢獄に向かう旅。投獄や監禁に向かう道のり。

NO.30　法律・・・・・・・・・専門家のところに行く。車の差し押さえ。旅行または車に関する苦情。

NO.31　不調・・・・・・・・・車酔い。病気になる。旅行中に気分が悪くなる。

NO.32　悲痛・・・・・・・・・旅が痛みをもたらす。車が数々の心配事をもたらす。つらい旅行。

NO.33　邪心・・・・・・・・・運転するのが怖い。旅行に行きたくない。出発が近づきふさぎ込んでいる。

NO.34　**多忙**・・・・・・・・・・・移動の伴う仕事。車通勤。車のセールスパーソン。旅行業界で働く。

NO.35　**遠路**・・・・・・・・・・・外国へ旅行する。長旅。長距離。遥か遠い場所。

NO.36　**希望、大海**・・・・・・旅への大きな希望。クルーズ。瞑想の旅。心の旅。

　「旅」のカードにまつわるリーディング例　

　霊媒能力を使ってリーディングをするときは「旅」のカードが重要になります。このカードは何かを超越すること、別の次元、向こう側を示すカードであり、19「弔い」や36「希望、大海」のカードの隣に出たときは特にその傾向が強まります。カードがこれらのメッセージを伝えた例をいくつかご紹介しましょう。

「旅」　　　　　　「弔い」　　　　　　「ムッシュ」

お祖父さんが天国から「やあ」と声をかけています。

「若い女性」　　　　　「旅」　　　　　　「結婚」

若い女性が一歩前に踏みだしました。結婚してよい、式を挙げてよいとスピリッ

トが認めています。

「軍人」　　　　　「旅」　　　　　「遠路」

　制服を着た人、いつもいるわけではない人、またはどこか遠くに遠征していた
人が、こちらに挨拶しています！

　このように、カードからは予測や占いだけでなくスピリチュアルなメッセージ
を受け取ることもできます。実践すればするほど、カードはその秘密を明かして
くれるものです。

大金
LOT OF MONEY

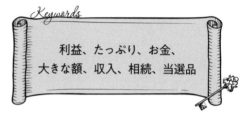

Keywords

利益、たっぷり、お金、
大きな額、収入、相続、当選品

マントラ：
お金は私の友達だ

影響：ポジティブ

向き：なし

ひとことで言うと：
イエス

分野：お金

お金についてのカードです！

「大金」は相談者の財政状況と今後の展開に関するカードです。このカードはお金について実に多くを語ってくれます。ギャンブルで儲かる可能性も含め、ありとあらゆるお金のやり取りがうまくいくことを示します。

周りにネガティブなカードがあるなら、手にした利益がマイナスに転じるか、くだらないことに使ってしまうのかもしれません。

「大金」のカードとのコンビネーションの意味

NO.1 　主役（男性）・・・・・・相談者の男性のためのお金。

NO.2 　主役（女性）・・・・・・・相談者の女性のためのお金。

NO.3 　結婚・・・・・・・・・・・・カップルとの契約、約束。取引から得るお金。

NO.4 　出会い・・・・・・・・・銀行の人と会う約束。投資家集団。配当。何らか
の団体の資産の持ち分。

NO.5 　ムッシュ・・・・・・・・「ムッシュ」のためのお金。父親、祖父のための
お金。相続。

NO.6 　マダム・・・・・・・・・「マダム」のためのお金。母、祖母のためのお金。
相続。

NO.7 　うれしい便り・・・・・小切手。給与明細。お金に関する良いニュース。
振込。

NO.8 　嘘つき・・・・・・・・・詐欺。汚いお金。違法または非道徳的に手に入れ
たお金。

NO.9 　変化・・・・・・・・・・お金が入る。お金が変化をもたらす。昇給。収入
アップ。

NO.10 　旅・・・・・・・・・・高額な車。賠償や車のリノベーションなど自分の
車に関する出費。高額な旅行。旅行がお金をもた
らす。

NO.12 　若い女性・・・・・・・残高の多い銀行口座。価値のある株取引。お金持
ちの若い女性。お金の扱いにとても長けた人。

NO.13 　若い男性・・・・・・・残高の多い銀行口座。価値のある株取引。お金持
ちの若い男性。お金の扱いにとても長けた人。

NO.14 　悲しい知らせ・・・・・お金が心配事をもたらす。財政的な負担。これか
ら支払う請求書。不運な投資。

NO.15 　愛の実り・・・・・・・大切な恋愛関係。お金ありきの関係。財政的な成功。

NO.16 　心のうち・・・・・・・お金の計画を立てる。お金がきっかけで多くのこ
とを深く考える。

NO.17 　贈り物・・・・・・・・寄付。お金のプレゼント。相続。驚くような額の
お金。

NO.18　子ども・・・・・・・・相続。新たな収入源。新たな金銭取引。

NO.19　弔い・・・・・・・・・相続。破産。葬儀代。生命保険金。

NO.20　家・・・・・・・・・・家族のためのお金。相続。家の購入。借金や住宅
ローン。

NO.21　リビング・・・・・・家族のためのお金。相続。マンションの購入。マ
ンション。借金や住宅ローン。

NO.22　軍人・・・・・・・・・・官公庁からのお金。安全な取引。安全な投資。

NO.23　法廷・・・・・・・・・官公庁からのお金。税金の還付。訴訟費用の支
払い。

NO.24　盗み・・・・・・・・・お金が盗まれる。お金がなくなる。詐欺。

NO.25　名誉・・・・・・・・・ボーナス。昇給。価値のある賞や評価。もっとい
い生活をする。

NO.26　幸運・・・・・・・・・富。財産。繁栄。お金が最良の友。

NO.27　予期せぬお金・・・・想定外の額のお金。中年の女性のためのお金。想
定外の支払い。

NO.28　期待・・・・・・・・・大金が期待されている。中年のお金持ちの女性。

NO.29　牢獄・・・・・・・・・脱税。お金の流れが滞っている。病院または療養
所の費用がかさむ。

NO.30　法律・・・・・・・・・弁護士やファイナンシャル・アドバイザーへの支
払い。お金をめぐるケンカ。お金でもめる恐れ。

NO.31　不調・・・・・・・・・高額医療。お金のせいで病気になる恐れ。

NO.32　悲痛・・・・・・・・・お金が辛苦をもたらす。大きな金銭問題。財政面
の大きな障害。

NO.33　邪心・・・・・・・・・死の恐怖。お金に対する恐れ。お金に関するネガ
ティブな考え。価値がないという思い。

NO.34　多忙・・・・・・・・・働いて得るお金。昇給。高い給与。お金を扱う仕
事。投資家。

NO.35　遠路・・・・・・・・・長期投資。遠くにあるお金。手の届かないお金。

NO.36　希望、大海・・・・・・海外からの送金。自分の精神面への投資。お金に
関する鋭い直感。

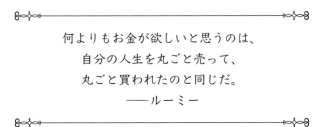

何よりもお金が欲しいと思うのは、
自分の人生を丸ごと売って、
丸ごと買われたのと同じだ。
——ルーミー

若い女性

A RICH GIRL

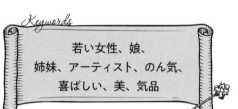

Keywords

若い女性、娘、
姉妹、アーティスト、のん気、
喜ばしい、美、気品

マントラ:
私は、喜びに満ちた幸
せな人生を送る

影響: ポジティブ

向き: 右向き

ひとことで言うと:
イエス

分野: 贅沢と才能

　このカードは、自分の周りにいる大切な若い女性、天真爛漫で少し未熟なところのある人を指します。のびのびと恵まれた暮らしをしてきた人で、特権的な立場にあります。

　「若い女性」は、嬉々として、才気豊かで、気楽な人です。まだ大人になりきっておらず、時々わがままになり、大らかすぎて、自分の不注意な言動を後で後悔することがあります。成長する必要があるので、ポジティブなカードが彼女を助けてくれることを願います。

NO.1　主役（男性）・・・・・・「若い女性」の父親とのいざこざや口論。世代間ギャップ。父と娘の仲たがい。

NO.2　主役（女性）・・・・・・「若い女性」の母親とのいざこざや口論。世代間ギャップ。

NO.3　結婚・・・・・・・・・・・「若い女性」は結婚していた。真剣に交際している人がいた。その若い女性は自分の過去に区切りをつけた。

NO.4　出会い・・・・・・・・・「若い女性」は誰かと会っているところだった。イベントが行われていた。あるグループから距離を置いている。出会いの場を立ち去る。

NO.5　ムッシュ・・・・・・・年配の人に背を向けている。年配者とうまく連絡が取れない。祖父と孫の間の課題。

NO.6　マダム・・・・・・・・・年配の人に背を向けている。年配者とうまく連絡が取れない。祖母と孫の間の課題。

NO.7　うれしい便り・・・・・便りをすでに受け取った。過去のコミュニケーション。過去の会話。

NO.8　嘘つき・・・・・・・・・敵、ライバルは近くにいない。陰で「若い女性」の悪口を言っている抜け目のない危険人物。

NO.9　変化・・・・・・・・・・・最近起こった変化。最近行った引っ越しや居場所の変化。すでに行われた計画。

NO.10　旅・・・・・・・・・・・「若い女性」は誰かの元、どこかの場所、何らかの状況から立ち去った。最近行った旅行や計画した旅行が望んでいたようにならなかった。

NO.11　大金・・・・・・・・・・経済的な危機。お金が出ていく。「若い女性」は良い話だとわかっていない。「若い女性」は良い取引から手を引いている。

NO.13　若い男性・・・・・・・兄弟または親戚の若い男性との口論。若い男性に背を向けている。前の恋人との関係の終わり。

NO.14　悲しい知らせ・・・・・ネガティブまたは悲しい知らせを受け取った。憂

鬱な気分がしなくなる。悲しみを手放す。

NO.15　愛の実り ‥‥‥‥「若い女性」は恋をしていた。情事は終わっている。過去のポジティブな関係。

NO.16　心のうち ‥‥‥‥もう「若い女性」は何かで頭がいっぱいではない。しばらく深く考え、すでに解決策を見つける。

NO.17　贈り物 ‥‥‥‥‥周りで喜ばしいことが起こった。訪問を受けた。贈り物を受け取った。

NO.18　子ども ‥‥‥‥‥中絶。流産。子どもたちが心配の種。何かを新たに始める時ではない。

NO.19　弔い ‥‥‥‥‥‥「若い女性」は誰かを亡くした。今何かを葬っている。解き放たれた。変容の時期を過ごしている。悲嘆している。

NO.20　家 ‥‥‥‥‥‥‥豪邸。近所の若者または若い人の多い地区。良い家柄の女の子。

NO.21　リビング ‥‥‥‥豪華マンション。近所の若者。両親と同居している娘。

NO.22　軍人 ‥‥‥‥‥‥仕事の制服姿の前の恋人。「若い女性」は支配されることを拒んだ。彼女は自分の生きたいように生きている。

NO.23　法廷 ‥‥‥‥‥‥正式、公的に決まっている。「若い女性」が間違っていた。

NO.24　盗み ‥‥‥‥‥‥「若い女性」の下から何かが持ち去られた。または誰かが連れ去られ、泥棒は逃げた。

NO.25　名誉 ‥‥‥‥‥‥高い教育を受けた若い女性。評判の良い若い女性で、才能を認められている。

NO.26　幸運 ‥‥‥‥‥‥「若い女性」は幸運の持ち主で、やることはすべてうまくいき、金運が良い。

NO.27　予期せぬお金 ‥‥‥「若い女性」は契約を結んだ。自分の技量や才能を買ってもらった。予想外のお金を受け取った。

NO.28　期待 ‥‥‥‥‥‥我慢の時は終わった。「若い女性」は中年の女性に出会った。繁栄と贅が期待できる。

NO.29　牢獄・・・・・・・・・・・その女性はひとりぼっちである。自由がなく孤独
　　　　　　　　　　　　　を味わっている。健康に関するカードが他に出て
　　　　　　　　　　　　　いる場合は、彼女が病院で治療を受けていた可能
　　　　　　　　　　　　　性がある。

NO.30　法律・・・・・・・・・・「若い女性」が間違っていた。弁護士が彼女の利
　　　　　　　　　　　　　益になるような働きをしない。

NO.31　不調・・・・・・・・・・軽い病気からの回復。健康上の問題。

NO.32　悲痛・・・・・・・・・・たいへんな時期を通り過ぎた。鬱状態から脱し
　　　　　　　　　　　　　た。中毒から回復した。

NO.33　邪心・・・・・・・・・・呪いが解ける。大げさに騒ぐ人の下を去る。

NO.34　多忙・・・・・・・・・・仕事から距離を置く。または「若い女性」は最近
　　　　　　　　　　　　　まで忙しく働いていた。

NO.35　遠路・・・・・・・・・・目的地から遠く離れていた。今までずいぶん我慢
　　　　　　　　　　　　　してきた。我慢の限界を超えた。

NO.36　希望、大海・・・・・・「若い女性」は希望を失った。海の向こうから外
　　　　　　　　　　　　　国の地にやって来た。望みを抱いていた。夢が現
　　　　　　　　　　　　　実になった。

 右側にあるカードとのコンビネーションの意味＝未来

NO.1　主役（男性）・・・・・・調和の取れた関係。相談者にとっての才能ある若
　　　　　　　　　　　　　い女性。父娘が和解に至る。

NO.2　主役（女性）・・・・・・「若い女性」の母親とのいざこざや口論。世代間
　　　　　　　　　　　　　ギャップ。母と娘の間の課題。「若い女性」は相
　　　　　　　　　　　　　談者の女性に会うことになる。

NO.3　結婚・・・・・・・・・・・「若い女性」は真剣な交際相手を探している。
　　　　　　　　　　　　　近々パートナーシップが結ばれる。ポジティブな
　　　　　　　　　　　　　取引や契約。

NO.4　出会い・・・・・・・・・人と会う約束、懇親会、イベント、何らかのグ
　　　　　　　　　　　　　ループと会う、特権的な集団。

NO.5　ムッシュ・・・・・・・・年配の男性、力になってくれる友人、祖父、保護

者とのやり取り。

NO.6　マダム ‥‥‥‥‥年配の女性、力になってくれる女性の友人、祖
母、女性の後見人とのやり取り。

NO.7　うれしい便り ‥‥良いニュース。ニュースが届く。ポジティブな内
容の連絡。ポジティブな内容の電話。

NO.8　嘘つき ‥‥‥‥‥敵、ライバル。抜け目のない危険人物。その女性
は贅沢と自分に有利なことしか考えていないので
気をつけて！

NO.9　変化 ‥‥‥‥‥‥変化が差し迫っている。「若い女性」は引っ越す
か居場所が変わる。計画の変更がうまくいく。

NO.10　旅 ‥‥‥‥‥‥計画の変更がうまくいく。ポジティブな旅行。旅
立ち。ファースト・クラスでの旅行。

NO.11　大金 ‥‥‥‥‥経済的な安定。お金が入ってくる。裕福。豊かで
満ち足りている。贅沢。特権階級の「若い女性」
がさらにお金を得る。

NO.13　若い男性 ‥‥‥‥兄弟または若い親戚の男性との関わり。若い男性
との仲の良さ。若い恋人。

NO.14　悲しい知らせ ‥‥‥ネガティブまたは悲しい知らせを受け取る。憂鬱
な気分。悪い知らせへの対応。

NO.15　愛の実り ‥‥‥‥「若い女性」が恋に落ちる。情事。幸せでポジ
ティブな恋愛や性生活。

NO.16　心のうち ‥‥‥‥「若い女性」は何かで頭がいっぱいである。彼
女はよく考えており、いろいろあって落ち着か
ない。

NO.17　贈り物 ‥‥‥‥‥周りで喜ばしいことが起こる。贈り物。うれしい
訪問。豪華な贈り物。

NO.18　子ども ‥‥‥‥‥新たな始まり。妊娠。「若い女性」は純真でわが
ままな子どものようである。

NO.19　弔い ‥‥‥‥‥‥終わり、別れ。葬儀の手伝い。豪華な葬儀。

NO.20　家 ‥‥‥‥‥‥不動産などの資産を買う。一緒にいて和む女性。
実家やマイホーム。豪邸。

NO.21　リビング ‥‥‥‥「若い女性」はくつろいでいる。「若い女性」の

パーソナルな空間。豪華なマンション。

NO.22　軍人・・・・・・・・・・・・正式な話。公の話になる。制服のある職業の人との出会い。制服のある職業の男性と一緒の若い女性。

NO.23　法廷・・・・・・・・・・・・最終決定。正義の勝利。正式に決まる。「若い女性」は信頼できる。

NO.24　盗み・・・・・・・・・・・・なくしたものが戻ってくる。泥棒が捕まる。贅沢品が盗まれる。

NO.25　名誉・・・・・・・・・・・・「若い女性」は成功している、認められる、もうすぐ昇進するかもしれない。

NO.26　幸運・・・・・・・・・・・・特権的立場の若い女性。思い切ってしたことが好結果を生み、大いに成功することを期待できる。

NO.27　予期せぬお金・・・・思いがけない儲けを手にする。うまく交渉して結んだ契約から利益が出始める。自分の技量や才能を買ってもらえる。

NO.28　期待・・・・・・・・・・・・「若い女性」は何かとても欲しいもの、したいことを我慢している。隣のカードが何を期待しているかを表す。

NO.29　牢獄・・・・・・・・・・・・「若い女性」は自由に行動できない。孤独である、隔離されている、更生施設にいる、足踏み状態にある、停滞している。病院での治療。

NO.30　法律・・・・・・・・・・・・弁護士との面会。専門的な知識や技能を求める。法的な問題への対処。彼女は自分の権利を完璧に理解している。

NO.31　不調・・・・・・・・・・・・健康状態が悪い、発熱、軽い感染症、軽い鬱状態、休むべきである、寝たほうがよい。

NO.32　悲痛・・・・・・・・・・・・これから先が大変である。目の前に問題や困難が山積している。パターン、鬱、贅沢中毒。

NO.33　邪心・・・・・・・・・・・・ネガティブな気分。恐れに囚われている。大げさに騒ぎ立てている。後ろ向きに考えている。

NO.34　多忙・・・・・・・・・・・・よく働き、やる気にあふれた、才能と志のある若い女性。高級品を扱う仕事の依頼や採用通知。高

級品業界の仕事。

NO.35　遠路・・・・・・・・・・・・・遠くへ行こうとしている。耐えること――すぐには実現しない。

NO.36　希望、大海・・・・・・海外旅行。ファースト・クラスでの旅行。渡航。外国の地で出来事が起こる。希望に胸が膨らむ。

上側にあるカードとのコンビネーションの意味=考えていること

NO.1　主役（男性）・・・・・・「若い女性」は誰か特定の男性――夫、パートナー、彼女にとって大切な男性――のことを考えている。

NO.2　主役（女性）・・・・・・・「若い女性」は誰か特定の女性――母、パートナー、彼女にとって大切な女性――のことを考えている。

NO.3　結婚・・・・・・・・・・・・「若い女性」は調和の取れた関係を夢見ている。将来のパートナーシップまたは取引について考えている。

NO.4　出会い・・・・・・・・・人と会う約束、懇親会、イベント、何らかのグループと会うことについて考えている。

NO.5　ムッシュ・・・・・・・・「若い女性」は年配の男性、力になってくれる男性の友人、祖父のことを考えている。

NO.6　マダム・・・・・・・・・「若い女性」は年配の女性、力になってくれる女性の友人、祖母のことを考えている。

NO.7　うれしい便り・・・・・「若い女性」はもっと良いコミュニケーションを取りたいと心から望んでいる。メッセージまたは手紙のやり取りのことを考えている。

NO.8　嘘つき・・・・・・・・・敵、ライバルのことを考えている。贅沢好きな抜け目のない危険人物。

NO.9　変化・・・・・・・・・・・変化について考えている。「若い女性」は引っ越しや居場所を変えることを考えている。

NO.10　旅・・・・・・・・・・・・計画を変えること、旅行について考えている。ど

こか特定の目的地に憧れている。

NO.11　大金 ‥‥‥‥‥「若い女性」は自分の経済的な安定について考えている、自分の懐具合のことをずっと考えている。「若い女性」にとって、お金と贅沢がとても大切である。

NO.13　若い男性 ‥‥‥‥兄弟または若い親戚の男性のことを考えている、若い恋人のことを考えている。

NO.14　悲しい知らせ ‥‥‥悲しい思い、悪い知らせへの恐れ、ネガティブな考え、強欲。

NO.15　愛の実り ‥‥‥‥「若い女性」は成功について、自分の恋愛や性生活について、友人関係について考えている。

NO.16　心のうち ‥‥‥‥「若い女性」はいろいろ考えている。彼女は計画を立てている。

NO.17　贈り物 ‥‥‥‥‥「若い女性」は贈り物について考えている、うれしい訪問について考えている。

NO.18　子ども ‥‥‥‥‥「若い女性」は新たな始まりについて考えている。無邪気な考え、ナイーブな考え、何か新しい計画、赤ちゃんのことを考えている。

NO.19　弔い ‥‥‥‥‥‥終わり、別れを考えている。葬儀のことを考えている。

NO.20　家 ‥‥‥‥‥‥‥不動産について、何かを建てることを考えている。

NO.21　リビング ‥‥‥‥自分のプライベートな生活について、家の周辺で起こっていることについて、マンションのことを考えている。

NO.22　軍人 ‥‥‥‥‥‥「若い女性」はコントロールされていると感じている。戦略や闘う計画を立てている。

NO.23　法廷 ‥‥‥‥‥‥法的な問題、重要な決断について、期限のことを考えている。

NO.24　盗み ‥‥‥‥‥‥なくしたもののことを考えている。損失を振り返っている。「若い女性」は何かを持ち去ろうと思っている。

NO.25　**名誉**・・・・・・・・・・「若い女性」は勉強や研究について考えている。彼女は頭が良く、自分に才能や能力があると知っている。

NO.26　**幸運**・・・・・・・・・・「若い女性」は自分の運、自分に開かれているさまざまな扉のことを考えている。

NO.27　**予期せぬお金**・・・・・「若い女性」は契約、儲けの多い取引のことを考えている。今の自分の財政状況への不安感かもしれない。

NO.28　**期待**・・・・・・・・・・「若い女性」は中年の女性を思い浮かべている。または自分のゴールや動機について考えている、ものごとの今後について考えている。

NO.29　**牢獄**・・・・・・・・・・「若い女性」は孤独な自分について考えており、自由を夢見ている。

NO.30　**法律**・・・・・・・・・・「若い女性」は弁護士の助けを借りること、法的に争うことについて考えている。

NO.31　**不調**・・・・・・・・・・自分の体調があまり優れないことについて考えている。不眠。「若い女性」は前向きになり元気を出すべき状況にいる。

NO.32　**悲痛**・・・・・・・・・・これから先が大変だと思っている。問題や困難が山積している。鬱または中毒に直面している。

NO.33　**邪心**・・・・・・・・・・「若い女性」はネガティブな気分である。恐れに囚われている。大げさに騒ぎ立てている。後ろ向きに考えている。

NO.34　**多忙**・・・・・・・・・・仕事のことで頭がいっぱいである。「若い女性」は頭を使って論理的に考える仕事をしている。

NO.35　**遠路**・・・・・・・・・・遠く離れた目的地のことを考えている。「若い女性」はものごとを事前に計画する。

NO.36　**希望、大海**・・・・・・・「若い女性」は異文化に心を奪われており、地に足を着けて現実的に考える必要がある。

下側にあるカードとのコンビネーションの意味=実現していること

NO.1　主役（男性）‥‥‥‥「若い女性」にはパートナー、夫、彼女にとって
大切な人がいる。

NO.2　主役（女性）‥‥‥‥「若い女性」にはパートナー、彼女にとって大切
な人がいる。

NO.3　結婚‥‥‥‥‥‥‥‥「若い女性」は幸せな結婚をしている。真剣な交
際相手やパートナーがいる。ポジティブな取引や
契約を成立させた。

NO.4　出会い‥‥‥‥‥‥「若い女性」はとても社交的な人である。イベン
ト、集まり、懇親会に出ている。

NO.5　ムッシュ‥‥‥‥「若い女性」は良い人で、友人を支えている。

NO.6　マダム‥‥‥‥‥「若い女性」は良い人で、友人を支えている。

NO.7　うれしい便り‥‥‥人柄が良く、人とよくコミュニケーションを取
り、良いニュースをもたらすことが多い。

NO.8　嘘つき‥‥‥‥‥‥「若い女性」がうまくいかないのは本人のせいか
もしれない。向き合うべき相手は彼女自身であ
る。「若い女性」は悪賢い性格で、自分の態度を
改める必要がある。

NO.9　変化‥‥‥‥‥‥‥「若い女性」は変わった。ひととおりのことを経
験し、居場所まで変えた可能性がある。

NO.10　旅‥‥‥‥‥‥‥‥「若い女性」には根無し草のようなところがあり、
同じ場所に留まらない。

NO.11　大金‥‥‥‥‥‥「若い女性」は経済的に安定している。有り余るほ
どのお金がある。小銭の使い道までとやかく言う
人かもしれない。「若い女性」はお金持ちである。

NO.13　若い男性‥‥‥‥「若い女性」は兄弟または親戚の若い男性と仲が
良い。わがままで子どものように振る舞っている
かもしれない。「若い女性」には恋人がいる。

NO.14　悲しい知らせ‥‥‥「若い女性」は性格が悪く、あらゆることに文句
を言い、悪い知らせをもたらすことが多い。

NO.15　愛の実り ‥‥‥‥「若い女性」は誠実なパートナーで、ブレること
　　　　　　　　　　　がなく、人間関係を大切にし、100％信頼できる。

NO.16　心のうち ‥‥‥‥「若い女性」は前もって計画するというより行動
　　　　　　　　　　　型の人。論理派というより実践派。

NO.17　贈り物 ‥‥‥‥‥「若い女性」は贈るのも贈られるのも大好きで、
　　　　　　　　　　　意外な人、天からの贈り物のような人である。お
　　　　　　　　　　　金持ちで、気前が良い。

NO.18　子ども ‥‥‥‥‥「若い女性」は新たな始まりを遂げた。もうすぐ
　　　　　　　　　　　母親になる。または幼い人柄の人かもしれない。
　　　　　　　　　　　わがままな子どものようである。

NO.19　弔い ‥‥‥‥‥‥「若い女性」は終わり、別れ、死を身近に経験した。

NO.20　家 ‥‥‥‥‥‥‥「若い女性」は家などの資産を持っている。一緒
　　　　　　　　　　　にいて和む人。家族思い、家族の価値観を大切に
　　　　　　　　　　　している。

NO.21　リビング ‥‥‥‥自分のことを明かさない人。プライバシーを大切
　　　　　　　　　　　にし、限られた人としか親しくしない。家庭への
　　　　　　　　　　　思い入れがとても強い。「若い女性」はマンショ
　　　　　　　　　　　ンを持っている。

NO.22　軍人 ‥‥‥‥‥‥「若い女性」は制服のある職業の人である。秩序
　　　　　　　　　　　と規律を好み、誠実に生き、実直にビジネスを
　　　　　　　　　　　営む。

NO.23　法廷 ‥‥‥‥‥‥「若い女性」は高潔で、信念や主義がある。常に
　　　　　　　　　　　期限を大切にする。

NO.24　盗み ‥‥‥‥‥‥「若い女性」は何かを持ち去るような人である。
　　　　　　　　　　　欲しいものを人から盗んだり、奪ったりする傾向
　　　　　　　　　　　がある。彼女は汚いお金で自分の富を築いた。

NO.25　名誉 ‥‥‥‥‥‥「若い女性」は人から認められており、評判が良
　　　　　　　　　　　く、指導者として尊敬されている。彼女は高い教
　　　　　　　　　　　育を受けている。

NO.26　幸運 ‥‥‥‥‥‥「若い女性」は幸運の持ち主である。自分の運の
　　　　　　　　　　　良さをわかっており、あらゆる試みに運の良さを
　　　　　　　　　　　活かしている。

NO.27　予期せぬお金‥‥‥「若い女性」は契約をうまく運ぶことができる。彼女は収入が増え続ける。

NO.28　期待‥‥‥‥‥‥‥「若い女性」の長所は粘り強さである。いつもアンテナを立て、この先何があるかに注意を払っている。

NO.29　牢獄‥‥‥‥‥‥‥「若い女性」はひとりぼっちである。うまくいかないのは本人のせいかもしれない。「若い女性」は金の鳥かごの中であり、贅沢な暮らしをしているが自由がない。

NO.30　法律‥‥‥‥‥‥‥「若い女性」は助言や忠告に関心があり、知恵をしぼって平穏や幸せを取り戻そうとする。「若い女性」は弁護士である。

NO.31　不調‥‥‥‥‥‥‥「若い女性」はよく眠れず、健康ではない。性生活を営めないのかもしれない。

NO.32　悲痛‥‥‥‥‥‥‥「若い女性」は鬱気味で、何かの中毒である。

NO.33　邪心‥‥‥‥‥‥‥「コップに水が半分しか入っていない」という悲観的な見方をする。うじうじ考えて悩み続けるのが好きである。

NO.34　多忙‥‥‥‥‥‥‥よく働き、やる気にあふれた、志のある人。才能にあふれた女性。

NO.35　遠路‥‥‥‥‥‥‥「若い女性」は辛抱強く待ち、完璧なタイミングで行動を起こす人。

NO.36　希望、大海‥‥‥‥「若い女性」は生まれ持った才能がある。サイキック能力やある種の芸術的才能かもしれない。

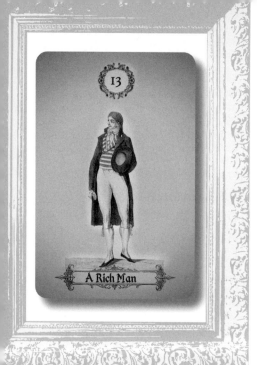

若い男性

A RICH MAN

Keywords

若い男性、息子、兄弟、芸術家、気楽、のんき、喜びにあふれた、気前の良い、きちんとした身なり

マントラ:
私は喜びに満ちた幸せ
な人生を送る

影響: ポジティブ

向き: 左

ひとことで言うと:
イエス

分野: 贅沢と才能

　このカードは、自分の周りにいるハンサムな若い男性を表します——のんきで、少し未熟なところのある人です。以前から今に至るまで相手を和ませる「カサノヴァ」タイプの人として知られた、陽気で楽しい紳士です。「若い男性」は優秀で、金銭取引に長けています。借入や投資家が必要なシーンなら彼は完璧な同志と言えるでしょう。何をしても成功する人です。

(訳注9)

訳注9 華やかな恋愛遍歴で知られる18世紀のイタリア人の作家。

NO.1　主役（男性）・・・・・・相談者とのいざこざや口論。世代間ギャップ。父と息子の問題。「若い男性」は相談者の男性に会うことになる。

NO.2　主役（女性）・・・・・・調和の取れた関係。相談者にとっての才能ある若い男性。「若い男性」は相談者の女性に会うことになる。

NO.3　結婚・・・・・・・・・・・「若い男性」は真剣な交際相手を探している。近々パートナーシップが結ばれる。ポジティブな取引や契約。

NO.4　出会い・・・・・・・・・人と会う約束、懇親会、イベント、何らかのグループと会う、特権的な集団。

NO.5　ムッシュ・・・・・・・・「若い男性」が年配の男性、力になってくれる友人、祖父、保護者とやり取りする。

NO.6　マダム・・・・・・・・・「若い男性」が年配の女性、力になってくれる女性の友人、祖母とやり取りする。

NO.7　うれしい便り・・・・・・「若い男性」が良いニュース、ポジティブな内容の連絡、ポジティブな内容の電話を受け取る。

NO.8　嘘つき・・・・・・・・・「若い男性」の敵、ライバル、抜け目のない危険人物。その人は贅沢と自分に有利なことしか考えていない！

NO.9　変化・・・・・・・・・・・変化が差し迫っている。「若い男性」は引っ越すか居場所が変わる。計画の変更がうまくいく。

NO.10　旅・・・・・・・・・・・「若い男性」がポジティブな旅行に行く。旅立ち。ファースト・クラスでの旅行。

NO.11　大金・・・・・・・・・経済的な安定。お金が入ってくる。裕福。豊かで満ち足りている。贅沢。特権階級の「若い男性」がさらにお金を得る。

NO.12　若い女性・・・・・・姉妹または若い親戚の女性との関わり。若い女性との仲の良さ。若い恋人。

NO.14　悲しい知らせ ‥‥‥「若い男性」がネガティブまたは悲しい知らせを
　　　　　　　　　　　　受け取る。憂鬱な気分。悪い知らせへの対応。

NO.15　愛の実り ‥‥‥‥「若い男性」が恋に落ちる。情事。幸せでポジ
　　　　　　　　　　　　ティブな恋愛や性生活。

NO.16　心のうち ‥‥‥‥「若い男性」は何かで頭がいっぱいで、よく考え
　　　　　　　　　　　　ている。いろいろあって落ち着かない。

NO.17　贈り物 ‥‥‥‥‥周りで喜ばしいことが起こる。贈り物。うれしい
　　　　　　　　　　　　訪問。豪華な贈り物。

NO.18　子ども ‥‥‥‥‥新たな始まり。妊娠。「若い男性」は純真でわが
　　　　　　　　　　　　ままな子どものようである。

NO.19　弔い ‥‥‥‥‥‥「若い男性」にとっての終わり、別れ。葬儀の手
　　　　　　　　　　　　伝い。豪華な葬儀。

NO.20　家 ‥‥‥‥‥‥‥「若い男性」が不動産などの資産を買う。実家や
　　　　　　　　　　　　マイホーム。豪邸。

NO.21　リビング ‥‥‥‥「若い男性」はくつろいでいる。「若い男性」の
　　　　　　　　　　　　パーソナルな空間。豪華なマンション。

NO.22　軍人 ‥‥‥‥‥‥「若い男性」にとって正式な話、公の話になる。
　　　　　　　　　　　　「若い男性」が制服のある職業の人と出会う。

NO.23　法廷 ‥‥‥‥‥‥最終決定。正義は「若い男性」の味方である。正
　　　　　　　　　　　　式に決まる。「若い男性」は信頼できる。

NO.24　盗み ‥‥‥‥‥‥「若い男性」がなくしたものが戻ってくる。泥棒
　　　　　　　　　　　　が捕まる。贅沢品が盗まれる。

NO.25　名誉 ‥‥‥‥‥‥「若い男性」は成功している、認められる、もう
　　　　　　　　　　　　すぐ昇進する。

NO.26　幸運 ‥‥‥‥‥‥特権的立場の若い男性で、思い切ってしたことが
　　　　　　　　　　　　好結果を生み、大いに成功する。

NO.27　予期せぬお金 ‥‥思いがけない儲けを手にする。うまく交渉して結
　　　　　　　　　　　　んだ契約から利益が出始める。自分の技量や才能
　　　　　　　　　　　　を買ってもらえる。

NO.28　期待 ‥‥‥‥‥‥「若い男性」は何かとても欲しいもの、したいこ
　　　　　　　　　　　　とを我慢している。隣のカードが何を期待してい
　　　　　　　　　　　　るかを表す。

NO.29　牢獄 ‥‥‥‥‥‥「若い男性」は自由に行動できない、孤独である、隔離されている、更生施設にいる、足踏み状態にある、停滞している。病院での治療。

NO.30　法律 ‥‥‥‥‥‥「若い男性」が弁護士と会う。専門的な知識や技能を求める。法的な問題に対処している。彼は自分の権利を完璧に理解している。

NO.31　不調 ‥‥‥‥‥‥「若い男性」は体調が悪い、発熱、軽い感染症である、軽い鬱状態である、休むべきである、寝たほうがよい。

NO.32　悲痛 ‥‥‥‥‥‥「若い男性」にとってこれから先が大変である。目の前に問題や困難が山積している。パターン、鬱、中毒。贅沢中毒。

NO.33　邪心 ‥‥‥‥‥‥「若い男性」はネガティブな気分である。恐れに囚われている。大げさに騒ぎ立てている。後ろ向きに考えている。

NO.34　多忙 ‥‥‥‥‥‥よく働き、やる気にあふれた、才能と大志のある若い男性。高級品を扱う仕事の依頼や採用通知。

NO.35　遠路 ‥‥‥‥‥‥「若い男性」は遠くへ行こうとしている。耐えること──すぐには実現しない。

NO.36　希望、大海 ‥‥‥‥「若い男性」は海外旅行をしている。ファースト・クラスでの旅行。渡航。外国の地で予想していた出来事が起こる。希望に胸が膨らむ。外国の地で出来事が起こる。希望に胸が膨らむ。

右側にあるカードとのコンビネーションの意味＝過去

NO.1　主役（男性）‥‥‥‥「若い男性」の父親とのいざこざや口論。世代間ギャップ。「若い男性」が父親に会うことを拒む。

NO.2　主役（女性）‥‥‥‥「若い男性」の母親とのいざこざや口論。世代間ギャップ。

NO.3　結婚 ‥‥‥‥‥‥「若い男性」は結婚していた。真剣に交際してい

る人がいた。「若い男性」は自分の過去に区切り
をつけた。

NO.4　出会い ・・・・・・・・・「若い男性」は誰かと会っているところだった。
イベントが行われていた。あるグループから距離
を置いている。出会いの場を立ち去る。

NO.5　ムッシュ ・・・・・・・「若い男性」は年配の人に背を向けた。年配者と
うまく連絡が取れない。祖父と孫の間の課題。

NO.6　マダム ・・・・・・・・「若い男性」は年配の人に背を向けた。年配者と
うまく連絡が取れない。祖母と孫の間の課題。

NO.7　うれしい便り ・・・・・「若い男性」はメッセージを受け取った。過去の
コミュニケーション。過去の会話。

NO.8　嘘つき ・・・・・・・・「若い男性」の近くに敵、ライバル、抜け目のな
い危険人物はいない。

NO.9　変化 ・・・・・・・・・・「若い男性」は最近変わった。最近行った引っ越
しや居場所の変化。すでに行われた計画。

NO.10　旅 ・・・・・・・・・・「若い男性」は誰かの元、どこかの場所、何らか
の状況から立ち去った。最近行った旅行や計画し
た旅行が望んでいたようにならなかった。

NO.11　大金・・・・・・・・・・経済的な危機。お金が出ていく。「若い男性」は
良い話だとわかっていない。「若い男性」は良い
取引から手を引いている。

NO.13　若い女性 ・・・・・・・姉妹または親戚の若い女性との口論。若い女性に
背を向けている。前の恋人との関係の終わり。

NO.14　悲しい知らせ ・・・・ネガティブまたは悲しい知らせを受け取った。憂
鬱な気分がしなくなる。悲しみを手放す。

NO.15　愛の実り ・・・・・・・「若い男性」は恋をしていた。情事は終わってい
る。過去のポジティブな関係。

NO.16　心のうち ・・・・・・・もう「若い男性」は何かで頭がいっぱいではな
く、しばらく深く考えた。すでに解決策を見つ
けた。

NO.17　贈り物 ・・・・・・・・周りで喜ばしいことが起こった。「若い男性」は
訪問を受けた。贈り物を受け取った。

NO.18　子ども・・・・・・・・・中絶。流産。「若い男性」にとって子どもたちが心配の種。何かを新たに始める時ではない。

NO.19　弔い・・・・・・・・・「若い男性」は誰かを亡くした。今何かを葬っている。解き放たれた。変容の時期を過ごしている。悲嘆している。

NO.20　家・・・・・・・・・・豪邸。近所の若者。良い家柄の若い男性。

NO.21　リビング・・・・・・・豪華マンション。近所の若者。両親と同居している息子。

NO.22　軍人・・・・・・・・・仕事の制服姿の前の恋人。「若い男性」は支配されることを拒んだ。彼は自分の生きたいように生きている。

NO.23　法廷・・・・・・・・・正式、公的に決まっている。「若い男性」が間違っていた。

NO.24　盗み・・・・・・・・・「若い男性」の下から何かが持ち去られた。または誰かが連れ去られ、泥棒は逃げた。

NO.25　名誉・・・・・・・・・高い教育を受けた若い男性。評判の良い若い男性。才能を認められている。

NO.26　幸運・・・・・・・・・「若い男性」は幸運の持ち主である。多くの取引を行い高い評価を得ている。

NO.27　予期せぬお金・・・・「若い男性」は契約を結んだ。自分の技量や才能を買ってもらい、予想外のお金を受け取った。

NO.28　期待・・・・・・・・・我慢の時は終わった。「若い男性」は中年の女性に出会った。繁栄と贅が期待できる。

NO.29　牢獄・・・・・・・・・「若い男性」は孤独で、不自由を味わっている。健康に関するカードが他に出ている場合は、彼が病院で治療を受けていた可能性がある。

NO.30　法律・・・・・・・・・「若い男性」が間違っていた。法的に彼は有利でない。

NO.31　不調・・・・・・・・・「若い男性」は軽い病気から回復した。健康上の問題。

NO.32　悲痛・・・・・・・・・「若い男性」はたいへんな時期を通り過ぎた、鬱状態から脱した、中毒から回復した。

NO.33　邪心・・・・・・・・・・・・・呪いが解ける。大げさに騒ぐ人の下を去る。

NO.34　多忙・・・・・・・・・・・・・「若い男性」は仕事から距離を置いた。または最
　　　　　　　　　　　　　　　　近まで忙しく働いていた。

NO.35　遠路・・・・・・・・・・・・・「若い男性」は目的地から遠く離れていた。今ま
　　　　　　　　　　　　　　　　でずいぶん耐えてきたが我慢の限界を超えたのか
　　　　　　　　　　　　　　　　もしれない。

NO.36　希望、大海・・・・・・・「若い男性」は希望を失った。海の向こうから外
　　　　　　　　　　　　　　　　国の地にやって来た。望みを抱いていた。夢が現
　　　　　　　　　　　　　　　　実になった。

 上側にあるカードとのコンビネーションの意味＝**考えていること**

NO.1　主役（男性）・・・・・・「若い男性」は誰か特定の男性──父親、パート
　　　　　　　　　　　　　　　　ナー、彼にとって大切な男性──のことを考えて
　　　　　　　　　　　　　　　　いる。

NO.2　主役（女性）・・・・・・「若い男性」は誰か特定の女性──彼の母親、
　　　　　　　　　　　　　　　　パートナー、彼にとって大切な女性──のことを
　　　　　　　　　　　　　　　　考えている。

NO.3　結婚・・・・・・・・・・・・・「若い男性」は調和の取れた関係を夢見ている。
　　　　　　　　　　　　　　　　将来のパートナーシップまたは取引について考え
　　　　　　　　　　　　　　　　ている。

NO.4　出会い・・・・・・・・・・・「若い男性」は人と会う約束、懇親会、イベント、
　　　　　　　　　　　　　　　　何らかのグループと会うことについて考えて
　　　　　　　　　　　　　　　　いる。

NO.5　ムッシュ・・・・・・・・・「若い男性」は年配の男性、力になってくれる友
　　　　　　　　　　　　　　　　人、祖父のことを考えている。

NO.6　マダム・・・・・・・・・・・「若い男性」は年配の女性、力になってくれる女
　　　　　　　　　　　　　　　　性の友人、祖母のことを考えている。

NO.7　うれしい便り・・・・・・「若い男性」はもっと良いコミュニケーションを
　　　　　　　　　　　　　　　　取りたいと心から望んでいる。メッセージまたは
　　　　　　　　　　　　　　　　手紙のやり取りのことを考えている。

NO.8　嘘つき ・・・・・・・・・・「若い男性」は敵、ライバルのことを考えている。
贅沢好きな抜け目のない危険人物のことを考えて
いる。

NO.9　変化・・・・・・・・・・・変化について考えている。「若い男性」は引っ越
しや居場所を変えることを考えている。

NO.10　旅 ・・・・・・・・・・・・「若い男性」は計画を変えることについて、旅行
について考えている。どこか特定の目的地に憧れ
ている。

NO.11　大金・・・・・・・・・・・「若い男性」は自分の経済的な安定のことを考え
ている、自分の懐具合のことをずっと考えてい
る。「若い男性」にとって、お金と贅沢がとても
大切である。

NO.12　若い女性 ・・・・・・・「若い男性」は姉妹または若い親戚の女性のこと
を考えている、若い恋人のことを考えている。

NO.14　悲しい知らせ ・・・・・「若い男性」は悲しい思いをしている。悪い知ら
せを恐れている、ネガティブな考えを持ってい
る、強欲。

NO.15　愛の実り ・・・・・・・「若い男性」は成功について、自分の恋愛や性生
活、友人関係について考えている。

NO.16　心のうち ・・・・・・・「若い男性」はいろいろ考えている。彼は計画を
立てている。

NO.17　贈り物 ・・・・・・・・「若い男性」は贈り物について、うれしい訪問に
ついて考えている。

NO.18　子ども ・・・・・・・・「若い男性」は新たな始まりについて考えている。
無邪気な考え、ナイーブな考えを持っている。何
か新しい計画、赤ちゃんのことを考えている。

NO.19　弔い・・・・・・・・・・「若い男性」は終わり、別れを考えている。葬儀
のことを考えている。

NO.20　家 ・・・・・・・・・・・「若い男性」は不動産、何かを建てることを考え
ている。

NO.21　リビング ・・・・・・・「若い男性」は自分のプライベートな生活のこと、
家の周辺で起こっていることを考えている。マン

ションのことを考えている。

NO.22　軍人‥‥‥‥‥‥「若い男性」はコントロールされていると感じている。戦略や闘う計画を立てている。

NO.23　法廷‥‥‥‥‥‥「若い男性」は法的な問題、重要な決断について、期限のことを考えている。

NO.24　盗み‥‥‥‥‥‥「若い男性」はなくしたもののことを考えている。損失を振り返っている。「若い男性」は何かを持ち去ろうと思った。

NO.25　名誉‥‥‥‥‥‥「若い男性」は勉強や研究について考えている。彼は頭が良く、自分に才能や能力があると知っている。

NO.26　幸運‥‥‥‥‥‥「若い男性」は自分の運、自分に開かれているさまざまな扉のことを考えている。

NO.27　予期せぬお金‥‥‥「若い男性」は契約、儲けの多い取引のことを考えている。今の自分の財政状況への不安感かもしれない。

NO.28　期待‥‥‥‥‥‥「若い男性」は中年の女性を思い浮かべている。または自分のゴールや動機について考えている、ものごとの今後について考えている。

NO.29　牢獄‥‥‥‥‥‥「若い男性」は孤独な自分について考えており、自由を夢見ている。

NO.30　法律‥‥‥‥‥‥「若い男性」は弁護士の助けを借りること、法的に争うことについて考えている。

NO.31　不調‥‥‥‥‥‥「若い男性」は自分の体調があまり優れないことについて考えている。不眠。「若い男性」は前向きになり元気を出すべき状況にいる。

NO.32　悲痛‥‥‥‥‥‥「若い男性」はこれから先が大変だと思っている。目の前に問題や困難が山積している。彼は鬱または中毒に直面している。

NO.33　邪心‥‥‥‥‥‥「若い男性」はネガティブな気分である。恐れに囚われている。大げさに騒ぎ立てている。後ろ向きな考え方がパターン化している。

NO.34　多忙‥‥‥‥‥‥「若い男性」は仕事のことで頭がいっぱいである。「若い男性」は頭を使って論理的に考える仕事をしている。

NO.35　遠路‥‥‥‥‥‥「若い男性」は遠く離れた目的地のことを考えている。「若い男性」はものごとを事前に計画する。

NO.36　希望、大海‥‥‥‥「若い男性」は異文化に心を奪われている。彼は地に足を着けて現実的に考える必要がある。

下側にあるカードとのコンビネーションの意味＝実現していること

NO.1　主役（男性）‥‥‥‥「若い男性」にはパートナー、彼にとって大切な人がいる。

NO.2　主役（女性）‥‥‥‥「若い男性」にはパートナー、彼にとって大切な人がいる。

NO.3　結婚‥‥‥‥‥‥「若い男性」は幸せな結婚をしている。真剣な交際相手やパートナーがいる。ポジティブな取引や契約を成立させた。

NO.4　出会い‥‥‥‥‥「若い男性」はとても社交的な人で、イベント、集まり、懇親会に出ている。

NO.5　ムッシュ‥‥‥‥「若い男性」は良い人で、友人を支える。

NO.6　マダム‥‥‥‥‥「若い男性」は良い人で、友人を支える。

NO.7　うれしい便り‥‥‥「若い男性」は人柄が良く、人とよくコミュニケーションを取り、良いニュースをもたらすことが多い。

NO.8　嘘つき‥‥‥‥‥「若い男性」がうまくいかないのは本人のせいかもしれない。彼が向き合うべき相手は自分自身や自分の悪賢い性格であり、自分の態度を改める必要がある。

NO.9　変化‥‥‥‥‥‥「若い男性」は変わった。ひととおりのことを経験した。「若い男性」は居場所を変えた。

NO.10　旅‥‥‥‥‥‥‥「若い男性」には根無し草のようなところがあり、

		同じ場所に留まらない。仕事の関係で移動が多いのかもしれない。
NO.11	大金・・・・・・・・・・	「若い男性」は経済的に安定している。彼には潤沢な資金がある。小銭の使い道までとやかく言う人かもしれない。
NO.12	若い女性・・・・・・・	「若い男性」は姉妹または親戚の若い女性と仲が良い。彼はわがままで子どものようでもある。「若い男性」には若い恋人がいる。
NO.14	悲しい知らせ・・・・・	「若い男性」は性格が悪く、あらゆることに文句を言い、悪い知らせをもたらすことが多い。
NO.15	愛の実り・・・・・・・	「若い男性」は誠実なパートナーで、ブレることがなく、人間関係を大切にする。100%信頼できる。
NO.16	心のうち・・・・・・・	「若い男性」は前もって計画するというより行動型の人。論理派というより実践派。
NO.17	贈り物・・・・・・・・・	「若い男性」は贈るのも贈られるのも大好きで、意外な人、天からの贈り物のような人である。お金持ちで、気前が良い。
NO.18	子ども・・・・・・・・・	「若い男性」は新たな始まりを遂げた。もうすぐ父親になる。または幼い人柄でわがままな子どものようである。
NO.19	弔い・・・・・・・・・・	「若い男性」は終わり、別れ、死を身近に経験した。
NO.20	家・・・・・・・・・・・	「若い男性」は家などの資産を持っている。一緒にいて和む人。家族思い、家族の価値観を大切にしている。
NO.21	リビング・・・・・	「若い男性」は自分のことを明かさない人。プライバシーを大切にし、限られた人としか親しくしない。家庭への思い入れがとても強い。「若い男性」はマンションを持っている。
NO.22	軍人・・・・・・・・・・	「若い男性」は、制服のある職業の人である。秩序と規律を好み、誠実に生き、実直にビジネスを営む。

NO.23　法廷 ・・・・・・・・・・「若い男性」は高潔で、信念や主義がある。常に期限を大切にする。

NO.24　盗み ・・・・・・・・・・「若い男性」は何かを持ち去るような人である。欲しいものを人から盗んだり、奪ったりする傾向がある。彼は汚いお金で自分の富を築いた。

NO.25　名誉 ・・・・・・・・・・「若い男性」は人から認められており、評判が良く、指導者として尊敬されている。高い教育を受けている。

NO.26　幸運 ・・・・・・・・・・「若い男性」は幸運の持ち主である。自分の運の良さをわかっており、あらゆる試みに運の良さを活かしている。

NO.27　予期せぬお金 ・・・・・「若い男性」は契約をうまく運ぶことができ、収入が増え続ける。

NO.28　期待 ・・・・・・・・・・「若い男性」の長所は粘り強さである。いつもアンテナを立て、この先何があるかに注意を払っている。

NO.29　牢獄 ・・・・・・・・・・「若い男性」はひとりぼっちである。うまくいかないのは本人のせいかもしれない。「若い男性」は金の鳥かごの中にいて、贅沢な暮らしをしているが自由がない。

NO.30　法律 ・・・・・・・・・・「若い男性」は助言や忠告に関心があり、知恵をしぼって平穏や幸せを取り戻そうとする。「若い男性」は弁護士である。

NO.31　不調 ・・・・・・・・・・「若い男性」はよく眠れず、健康ではない。性生活を営めないのかもしれない。

NO.32　悲痛 ・・・・・・・・・・「若い男性」は鬱気味で、何かの中毒である。

NO.33　邪心 ・・・・・・・・・・「若い男性」は「コップに水が半分しか入っていない」という悲観的な見方をする。うじうじ考えて悩み続けるのが好きである。

NO.34　多忙 ・・・・・・・・・・よく働き、やる気にあふれた、大志のある若い男性。

NO.35　遠路 ・・・・・・・・・・「若い男性」は辛抱強く待ち、完璧なタイミング

で行動を起こす人。

NO.36　希望、大海‥‥‥‥「若い男性」は生まれ持った才能がある。サイキック能力やある種の芸術的才能かもしれない。

悲しい知らせ

SAD NEWS

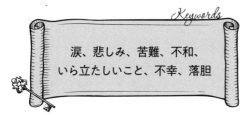

Keywords

涙、悲しみ、苦難、不和、
いら立たしいこと、不幸、落胆

　このカードが示すのは「不穏な兆し」です！　手
紙、電話、テキスト・メッセージ、新聞など、さま
ざまなところから心を乱す悲しい知らせが届きま
す。

　ネガティブな方向をさらに強めるカードが周りに
出ていなければ、ほんのしばらくの間だけのことで
す。周囲のカードはまた、悲しみの源や「悲しい知
らせ」に関係のあるメッセージを示します。

マントラ:
私は手放し、神に委ね
る

影響: ネガティブ

向き: なし

ひとことで言うと: ノー

分野: 悲しみ

「悲しい知らせ」のカードとのコンビネーションの意味

NO.1　主役（男性）‥‥‥‥相談者の男性の心を乱す悲しい知らせ。

NO.2　主役（女性）‥‥‥‥相談者の女性の心を乱す悲しい知らせ。

NO.3　結婚‥‥‥‥‥‥‥協力関係や固い約束、または契約に関する悲しい
　　　　　　　　　　　知らせ。

NO.4　出会い‥‥‥‥‥お祭りやお祝いでの出会いを通して伝わる、動揺
　　　　　　　　　　　するような知らせ。

NO.5　ムッシュ‥‥‥‥‥「ムッシュ」の心を乱す悲しい知らせ。

NO.6　マダム‥‥‥‥‥‥「マダム」の心を乱す悲しい知らせ。

NO.7　うれしい便り‥‥‥矛盾したメッセージや請求書。心を乱される
　　　　　　　　　　　手紙。

NO.8　嘘つき‥‥‥‥‥‥敵が動揺する知らせ。または敵からの心を乱され
　　　　　　　　　　　る手紙。脅迫状。

NO.9　変化‥‥‥‥‥‥‥悲しい変化。不運な変化。最悪なことになる
　　　　　　　　　　　変化。

NO.10　旅‥‥‥‥‥‥‥車の請求書。旅行に関する心を乱す悲しい知ら
　　　　　　　　　　　せ。不愉快な旅行。

NO.11　大金‥‥‥‥‥‥額の大きい請求書、相続。お金に関する動揺する
　　　　　　　　　　　ような知らせ。

NO.12　若い女性‥‥‥‥「若い女性」の心を乱す悲しい知らせ。

NO.13　若い男性‥‥‥‥「若い男性」の心を乱す悲しい知らせ。

NO.15　愛の実り‥‥‥‥心を乱す悲しいラブレター。胸が張り裂けるよう
　　　　　　　　　　　な知らせ。

NO.16　心のうち‥‥‥‥哀悼。絶え間なく振り返る。鬱状態に陥る。

NO.17　贈り物‥‥‥‥‥悲しみに満ちた訪問。心の痛む贈り物。試練をも
　　　　　　　　　　　たらす想定外の知らせ。

NO.18　子ども‥‥‥‥‥病気の子ども。無邪気さが辛苦を招く。子どもや
　　　　　　　　　　　幼児に関する悲しい知らせ。

NO.19　弔い‥‥‥‥‥‥哀悼。辛苦。訃報。葬儀の知らせ。

NO.20　家‥‥‥‥‥‥‥家族にとっての悲しい知らせ。家についての心

配。家族のひとりが悲しんでいる。「家」に関する不快な気持ち。

NO.21　リビング ‥‥‥‥仲の良い家族にとっての悲しい知らせ。マンションに関する不快な気持ち。悲しい知らせを秘密にしておく。

NO.22　軍人‥‥‥‥‥‥正式な悲しい知らせ。徴兵。支配的な立場の人が辛苦をもたらす。

NO.23　法廷‥‥‥‥‥‥司法通知。ネガティブな評決。正式な手紙。

NO.24　盗み‥‥‥‥‥‥負担がなくなる。辛苦が終わる。連絡がなくなる。

NO.25　名誉‥‥‥‥‥‥嘘の指名。悲しい知らせを受け止める。

NO.26　幸運‥‥‥‥‥‥悲しい状況に対応する。辛苦はもう終わる。出来事のラッキーな展開。

NO.27　予期せぬお金 ‥‥中年の女性にとっての悲しい知らせ。昇給または支払いが却下される。

NO.28　期待‥‥‥‥‥‥満たされない期待。中年の女性にとっての悲しい知らせ。

NO.29　牢獄‥‥‥‥‥‥刑務所または病院からの悲しいメッセージ。悲しいまたはネガティブな知らせが秘密のままにされる。

NO.30　法律‥‥‥‥‥‥がっかりするような法的通知, 弁護士からのネガティブな知らせ。

NO.31　不調‥‥‥‥‥‥深刻な病気。誰かが病気であるとわかる。動揺するような病気。

NO.32　悲痛‥‥‥‥‥‥生命の危機。希望の持てない状況。ものごとが悪いほうに進んでいる。

NO.33　邪心‥‥‥‥‥‥ネガティブなフィードバック。知らせを聞いて怖くなり落ち込む。

NO.34　多忙‥‥‥‥‥‥職場からの悲しい知らせ。不健康な仕事環境。断りの連絡を受け取る。

NO.35　遠路‥‥‥‥‥‥不愉快。遠くから届く悪い知らせ。じりじり続く悲しい状況。

NO.36　希望、大海‥‥‥海外からの悲しい知らせ。希望のない状況。押し
つぶされるほどの悲しい気持ち。

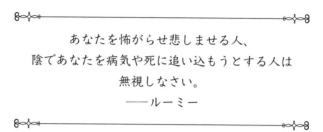

あなたを怖がらせ悲しませる人、
陰であなたを病気や死に追い込もうとする人は
無視しなさい。
——ルーミー

愛の実り

SUCCESS IN LOVE

Keywords

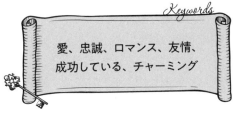

愛、忠誠、ロマンス、友情、
成功している、チャーミング

答えは愛です！

「愛の実り」は、相手とのあらゆる誓約や人間関係についてのカードです。人との関係については、恋愛のこともあればビジネス寄りの場合もあります。どのような絆かは周りのカードから読み取ります。パートナーシップについて、特に恋愛についてのリーディングであれば、たいていポジティブな意味を持ちます。

マントラ:
私は愛し愛される人間である

影響: ポジティブ

向き: なし

ひとことで言うと:
イエス

分野: 恋愛

「愛の実り」のカードとのコンビネーションの**意味**

NO.1　主役（男性）・・・・・・誠実な相談者。「主役（男性）」との恋愛。

NO.2　主役（女性）・・・・・・誠実な相談者。「主役（女性）」との恋愛。

NO.3　結婚・・・・・・・・・・恋愛結婚。誠実なカップル。うまくいっている同盟関係。素敵なカップル。

NO.4　出会い・・・・・・・ロマンチックな出会い、デート。愛にあふれた協力的なグループ。素敵な出会い。

NO.5　ムッシュ・・・・・・・チャーミングな年配の男性。年上の恋人。誠実な年配の男性。

NO.6　マダム・・・・・・・・チャーミングな年配の女性。年上の恋人。誠実な年配の女性。

NO.7　うれしい便り・・・・・ラブレター。愛の告白。ロマンチックな詩。

NO.8　嘘つき・・・・・・・・嫉妬。自分の気持ちに正直でない。嘘の告白。

NO.9　変化・・・・・・・・・ポジティブな変化。愛にあふれた変化。カップルの移転や移住。うまくいっている変化。

NO.10　旅・・・・・・・・・・素敵な車。チャーミングな旅。新婚旅行。ロマンチックないたずら。

NO.11　大金・・・・・・・・・お金が大好き。お金ありきの関係。うまくいっている取引。

NO.12　若い女性・・・・・・・チャーミングな若い女性。若い恋人。誠実な若い女性。

NO.13　若い男性・・・・・・・チャーミングな若い男性。若い恋人。誠実な若い男性。

NO.14　悲しい知らせ・・・・・メランコリー。悲しんでいるパートナー。がっかりしているパートナー。

NO.16　心のうち・・・・・・愛に満ちた考え。ポジティブな考え。誰かの恋愛や性生活について考えている。

NO.17　贈り物・・・・・・・・花束。ロマンチックなプレゼント。ロマンチックな驚き。心のこもった贈り物。

NO.18　子ども・・・・・・・・新しい恋。妊娠。新鮮な情事。いちゃいちゃ。浮

気。無邪気な気持ち。

NO.19　弔い ・・・・・・・・・・・別れ、破局、終わり。

NO.20　家 ・・・・・・・・・・・・愛にあふれた家。強固な関係。安心安全な関係。
　　　　　　　　　　　　　強い絆。

NO.21　リビング ・・・・・・・愛にあふれた部屋。素敵なマンション。仲良し。
　　　　　　　　　　　　　強い気持ち。

NO.22　軍人 ・・・・・・・・・・制服がある職業の人と恋をする。相手に対して支
　　　　　　　　　　　　　配的なパートナー。正式な関係。

NO.23　法廷 ・・・・・・・・・・民事婚。公正な決定。（ネガティブなカードがあ
　　　　　　　　　　　　　る場合は）離婚の告知。規則が大好きな人たち。

NO.24　盗み ・・・・・・・・・・秘密の恋。恋人を失う。浮気。不信。

NO.25　名誉 ・・・・・・・・・・学校が大好き。教育愛。成功裏に完了する。つい
　　　　　　　　　　　　　に愛が実る。

NO.26　幸運 ・・・・・・・・・・うまくいっている関係。守られた関係。あふれん
　　　　　　　　　　　　　ばかりの愛。

NO.27　予期せぬお金 ・・・・中年の恋人。予想外の恋愛。思いもよらない気持ち。

NO.28　期待 ・・・・・・・・・・中年の恋人。期待していたパートナー。期待して
　　　　　　　　　　　　　いた宣言。期待していた恋。

NO.29　牢獄 ・・・・・・・・・・禁じられた恋。危険な関係。関係に巻き込まれる。

NO.30　法律 ・・・・・・・・・・宗教指導者。教祖。恋愛の専門家。カップル・カ
　　　　　　　　　　　　　ウンセラー。

NO.31　不調 ・・・・・・・・・・性病。失恋。不健康な関係。心臓疾患。

NO.32　悲痛 ・・・・・・・・・・不誠実なパートナー。悲しみ。涙。失恋。セック
　　　　　　　　　　　　　ス中毒。

NO.33　邪心 ・・・・・・・・・・愛への恐れ。落胆。愛し愛されることへの恐れ。

NO.34　多忙 ・・・・・・・・・・仕事が大好き。自分が大好きなことをしている。
　　　　　　　　　　　　　輝かしいキャリア。義務への忠誠。

NO.35　遠路 ・・・・・・・・・・末永い幸せ。永遠の愛。長距離恋愛。いつまでも
　　　　　　　　　　　　　一途。

NO.36　希望、大海 ・・・・・精神性を重んじた結婚式または宗教婚。海が大好
　　　　　　　　　　　　　きな人。前世の恋人。愛が希望を与える。

「愛の実り」のカードにまつわるリーディング例

　レベッカがリーディングにやって来ました。オリビエという恋人ができて、彼と一緒に生きていけるかを知りたがっています。カードをシャッフルし、彼女にカードをカットしてもらい、無作為にカードを3枚引いてもらいました。それがこの3枚です。

「若い女性」　　　　「主役（男性）」　　　　「愛の実り」

　この結果には少し疑問を感じました。私はオリビエに別の女性がいると感じ取りました。が、それをカードにはっきり示してもらいたかったので、もう一度カードをシャッフルし、レベッカにカットしてもらい、改めてカードを3枚引いてもらいました。

「若い男性」　　　　「心のうち」　　　　「愛の実り」

　このカードを見て困ったなと少し思いましたが、オリビエには別の女性がいてふたりの関係はうまくいっているはずだとレベッカに正直に伝えました。そして何か誤解していることがないか、レベッカだけが彼を恋人だと思っている可能性

はないか、と尋ねました。彼女はオリビエが既婚者であると認め、会議の席で出会い、オリビエはとても親切で紳士的な人で、自分に対してあくまで紳士として振る舞っていると答えました。レベッカは彼の優しさを自分に一目惚れしたと勘違いしていました。

　カードは、どんな状況でも、どんなことについても、必ず真実を伝えてきます。私たちが注意を払い、カードの示す英知をオープンに受け入れればよいだけです。

心のうち
HIS THOUGHTS

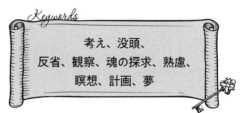

Keywords

考え、没頭、
反省、観察、魂の探求、熟慮、
瞑想、計画、夢

マントラ:
私の下す決断はどれも私
にとって正しい

影響: 中立的

向き: なし

ひとことで言うと:
どちらとも言えない

分野: 頭の中、その人の
意思

あなたが何を考えているかがわかります！

「心のうち」のカードは、まだ形になっていない
ものごと、頭のなかでイメージができつつある事柄、
思い浮かんでいることを表します。カードには男性
が描かれ、カードの文字どおりの名称は「彼の考え」
ですが、女性の考えや思いも表します。

他のカードとの組み合わせから、今その人が考え
ていることがさらに浮かび上がってきます。ネガ
ティブなカードがあれば、相談者がネガティブな気
分であったり、混乱していたり、空想にかまけてい
たり、鬱状態に陥っていることを意味します。ポジ
ティブなカードがあれば、相談者の気持ちが高まっ
ていて独創的な解決法を思いついたり、平和で穏や
かな状態に戻れることを示します。

「心のうち」のカードとのコンビネーションの**意味**

NO.1　主役（男性）・・・・・・相談者の男性は自分のことで頭がいっぱいである。自己反省。内省。

NO.2　主役（女性）・・・・・・相談者の女性は自分のことで頭がいっぱいである。自己反省。内省。

NO.3　結婚・・・・・・・・・・・提携、相手との固い約束について考えている。取引や契約に対する考え。

NO.4　出会い・・・・・・・・・グループ、会うことにについて考えている。いったん立ち止まって現状を確認している。会う計画を立てている。

NO.5　ムッシュ・・・・・・・年配の男性について考えている。年配の男性と計画を立てている。古い計画。

NO.6　マダム・・・・・・・・・年配の女性について考えている。年配の女性と計画を立てている。古い計画。

NO.7　うれしい便り・・・・・メッセージ、計画、図面、現状確認、要旨、検討調査について考えている。

NO.8　嘘つき・・・・・・・・・幻想。蜃気楼。悪いアイディア。混乱した考え。人心操作。

NO.9　変化・・・・・・・・・・考えやアイディアの変化。計画の変更。新たな確信。なるほどと閃く瞬間。

NO.10　旅・・・・・・・・・旅行の計画。車について夢見ている。車に夢中になる。移動または旅路。

NO.11　大金・・・・・・・・・・お金についての考え。財政状況の検討。財政計画の作成。

NO.12　若い女性・・・・・・若い女性のことを考えている。女性に夢中である。若い女性との計画。

NO.13　若い男性・・・・・・若い男性のことを考えている。男性に夢中である。若い男性との計画。

NO.14　悲しい知らせ・・・・・メランコリー。没頭。ストレス。悲しみ。恐れの気持ち。鬱。

NO.15　愛の実り　‥‥‥‥　愛に満ちた考え。ポジティブな考え。誰かの恋愛や性生活のことを考えている。

NO.17　贈り物　‥‥‥‥‥　贈り物について考えている。有望なアイディア。インスピレーション。うれしくなるような考え。誰かを訪ねることを考えている。

NO.18　子ども　‥‥‥‥‥　ちょっとした考え。無邪気で子どもじみた考え。新しいアイディア。バカな考え。

NO.19　弔い　‥‥‥‥‥‥　思い込みを持たなくなる。解決策を見つける。枠にとらわれない発想。

NO.20　家　‥‥‥‥‥‥‥　家の計画。安定や安全、安心についての考え。家族のメンバーに対する思い。

NO.21　リビング　‥‥‥‥　親密な思い。内なる思い。兄弟姉妹や仲の良い家族のメンバーについて考えている。

NO.22　軍人‥‥‥‥‥‥‥　頑固で融通が利かない。順序だてて考える。自己鍛錬。厳格な計画。ひとつの考えや計画に固執する。

NO.23　法廷　‥‥‥‥‥‥　正式な計画。決定の計画を立てている。法的な問題についての考え。決断を下す。

NO.24　盗み　‥‥‥‥‥‥　秘密の計画。強盗の計画を立てる。公正でない意図。

NO.25　名誉　‥‥‥‥‥‥　発見。目的。目標としている節目やゴール。高尚な考え。

NO.26　幸運　‥‥‥‥‥‥　楽観主義者。素晴らしいアイディアが評価される。良いアイディア。テンションが上がる考え。

NO.27　予期せぬお金　‥‥　新たな資金や供給源についてあれこれ考える。煮え切らない中年の女性。

NO.28　期待‥‥‥‥‥‥‥　その人自身の期待。その人自身の計画。期待どおりのアイディア。

NO.29　牢獄　‥‥‥‥‥‥　妨害されている計画。暴動を計画する。停滞、足踏み状態。

NO.30　法律　‥‥‥‥‥‥　法的な決定。精神的な対立や抵抗。著作権。アドバイスについて思案している。

NO.31　不調‥‥‥‥‥‥‥　精神病。統合失調症。被害妄想。関心の欠如や集中力不足。

NO.32　悲痛・・・・・・・・・・　精神的な嫌がらせ。鬱。過去に持っていた考え。
　　　　　　　　　　　　強迫観念。

NO.33　邪心・・・・・・・・・　疑念や疑惑。ネガティブな考え。ごまかし。過大
　　　　　　　　　　　　評価。

NO.34　多忙・・・・・・・・・　仕事の計画。キャリア・プラン。仕事への没頭。
　　　　　　　　　　　　心理学者や精神分析医。

NO.35　遠路・・・・・・・・・・　長期的な計画。事前に考えている。長年の計画。
　　　　　　　　　　　　長期的なゴール。

NO.36　希望、大海・・・・・・　直感。超感覚。自分なりの希望。精神性を大切に
　　　　　　　　　　　　する。

「心のうち」のカードにまつわるリーディング例

　私は思いの持つパワーを信じており、人が考えることや話すことがすべての経験を生みだし、明日をつくると思っています。何年もの間、私は自分の考えを変えようと試み、それがうまくできたことで劇的な変化を経験してきました。リーディングをするとき、特にグラン・タブローを使うときは、「心のうち」の周りに出ているカードをよく見て、その人の気分や考えをしっかりとらえるようにします。相談者の状況を理解するのに役立ち、カードの表していることが現実なのか単なるその人の想像なのかがわかります（レベッカのリーディングのように）。

　人はしばしば現実ではないことや現実ではない状況を信じ込み、その思いに沿って行動します。そのせいでどん底を経験することになるのも不思議はありません。サイキックやカード・リーダーの責務は「真実は何か」を指摘することです。

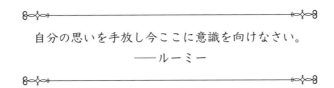

自分の思いを手放し今ここに意識を向けなさい。
——ルーミー

贈り物

A GIFT

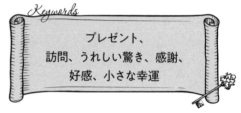

Keywords

プレゼント、
訪問、うれしい驚き、感謝、
好感、小さな幸運

マントラ：
私は深い感謝と共にすべてのギフトを快く受け取る

影響： ポジティブ

向き： なし

ひとことで言うと：
イエス

分野： 贈り物、献金や申し出

　リーディングに出たら素晴らしいカードです！

　「贈り物」のカードは、贈り物を持って誰かがあなたを訪ねてくると伝えています。贈り物は文字どおりの意味のこともあれば、贈り物のような何か、というたとえの場合もあります。また12歳以下の子どもと関連があるカードと解釈する人もいます。いつものことですが、なぜ、どこからその贈り物が届くのかは周りのカードがヒントになります。

「贈り物」のカードとのコンビネーションの意味

NO.1　主役（男性）‥‥‥‥訪問。相談者の男性への贈り物。うれしい驚き。幸せな時間。

NO.2　主役（女性）‥‥‥‥訪問。相談者の女性への贈り物。うれしい驚き。幸せな時間。

NO.3　結婚‥‥‥‥‥‥‥‥結婚祝い。婚約祝い。カップルの訪問を受ける。幸せなカップル。

NO.4　出会い‥‥‥‥‥‥‥幸せなグループ。誕生日プレゼントまたはドッキリ誕生日会。パーティー、お祝い。

NO.5　ムッシュ‥‥‥‥‥‥「ムッシュ」への訪問や贈り物。うれしい驚き。幸せな時間。

NO.6　マダム‥‥‥‥‥‥‥「マダム」への訪問や贈り物。うれしい驚き。幸せな時間。

NO.7　うれしい便り‥‥‥‥ポジティブなメッセージ。招待。小包。商品券。贈り物のリスト。

NO.8　嘘つき‥‥‥‥‥‥‥間違った贈り物。興味をそそる訪問。偽物の贈り物（たとえばダイアモンドではなくジルコニア）。

NO.9　変化‥‥‥‥‥‥‥‥引っ越し祝い。びっくりする変化。幸せな引っ越し。ラッキーな変化。

NO.10　旅‥‥‥‥‥‥‥‥‥旅行のプレゼント。車をプレゼントする。自転車かスクーターをプレゼントする。ハッピーな旅行。

NO.11　大金‥‥‥‥‥‥‥‥現金のプレゼント。寄付。利益。宝くじの当選金。高額な贈り物。

NO.12　若い女性‥‥‥‥‥‥「若い女性」への訪問や贈り物。うれしい驚き。幸せな時間。

NO.13　若い男性‥‥‥‥‥‥「若い男性」への訪問や贈り物。うれしい驚き。幸せな時間。

NO.14　悲しい知らせ‥‥‥‥悲しい訪問。悲しい驚き。欲しくないプレゼント。うれしくない贈り物。

NO.15　**愛の実り**・・・・・・・心からの贈り物。素敵なプレゼント。愛の交換。うれしい訪問。

NO.16　**心のうち**・・・・・・・贈り物のことを考えている。よく考えられた贈り物。インスピレーション。うれしくなるような考え。うれしい訪問。

NO.18　**子ども**・・・・・・・・ちょっとした贈り物。双子。早い時間の訪問。天才児。新しい贈り物。ほがらかな子ども。

NO.19　**弔い**・・・・・・・・・遅い時間の訪問。相続。寄付。ショックを受けるような予想外の終わり。

NO.20　**家**・・・・・・・・・・家のプレゼント。家を相続する。天賦の才に恵まれた家族。親族の訪問。

NO.21　**リビング**・・・・・・・プライベートまたは秘密の贈り物。マンションを相続する。親族の訪問。

NO.22　**軍人**・・・・・・・・・・制服を着た人が訪ねてくる。制服のプレゼント。適切な贈り物。従順な子ども。

NO.23　**法廷**・・・・・・・・・・養子縁組。ポジティブな決定。ポジティブな評決。福祉基金。

NO.24　**盗み**・・・・・・・・・・秘密の贈り物がなくなる。誘拐のリスク。泥棒が来る。

NO.25　**名誉**・・・・・・・・・・賞を受賞する。学位。誰かにお礼の品を贈る。

NO.26　**幸運**・・・・・・・・・ピンチのときの救い。天の恵み。予想外の助け。助けがやってくる。ポジティブな組み合わせ。

NO.27　**予期せぬお金**・・・・予想外の贈り物。予想外の訪問者。いい買い物。

NO.28　**期待**・・・・・・・・・・期待していた贈り物。中年の女性の訪問。期待していたものがついにここにある。

NO.29　**牢獄**・・・・・・・・・・贈り物が届かない。刑務所または病院を訪問する。贈り物が離れたところに置かれたままになっている。

NO.30　**法律**・・・・・・・・・・ポジティブな法的通知。司法官の訪問。相続を取り扱う。

NO.31　**不調**・・・・・・・・・・治癒。病人を見舞う。子どもの頃の病気。病気の子ども。

NO.32	悲痛 ・・・・・・・・・	相手を騙すような贈り物。煩わしい訪問。心の痛む贈り物。心の痛む訪問。

NO.32　悲痛・・・・・・・・・・相手を騙すような贈り物。煩わしい訪問。心の痛む贈り物。心の痛む訪問。

NO.33　邪心・・・・・・・・・・求められていない訪問。疑わしい贈り物。恐ろしい面会。恐ろしい子ども。

NO.34　多忙・・・・・・・・・・乳母。子どもと一緒に働く。花屋、おもちゃ屋、ギフト・ショップ。

NO.35　遠路・・・・・・・・・・遠くから贈り物が届く。遠方からの訪問者。長く続いた訪問。

NO.36　希望、大海・・・・・・直感の才。旅やクルーズの贈り物をされる。贈り物が受け取った人に希望をもたらす。供物や献金または申し出。

「贈り物」のカードにまつわる**リーディング例**

　ダナは10代の頃からの友人です。彼女は私にサイキック能力がありカード・リーディングに情熱を傾けていることを知っていて、彼女には数えきれないほどリーディングをしました。カードは、彼女がいずれ商才のあるお金持ちでハンサムな男性に出会うことや、彼とどんな風に出会い幸せになるかを、実に正確に予想していました。世の中には不思議とカードが親しみを示す人たちがいて、あっけにとられるほど細かなことまでわかって驚かされます。ダナもそんな人のひとりで、カードに愛されていました。

　恋人のジェイミーが出張に行ったときのことです。ダナは、たいていの女性がそうであるように、彼が別の女性と出会って関係を持ってしまうのではないか、

「贈り物」　　　　　　　「遠路」　　　　　　　「愛の実り」

とやきもきしていました。ダナは安心したくてカードを引きに来ました。カードはジェイミーがダナを愛していて、彼は決して裏切らないと伝えていて、男性のカードの隣には17「贈り物」＋35「遠路」＋15「愛の実り」が出ました。私は何の疑いもなく、ジェイミーからプレゼントをもらうこと、それが時計であること（長距離、待っている、時間）、そのプレゼントは彼の愛の証であること（「愛の実り」）をダナに伝えました。数日後、ジェイミーが出張から戻り、ダナから弾んだ声で電話がかかってきました。「ねえ聞いて、カードは正しかった。ジェイミーからハート型の時計をもらったの。とても素敵で、すごく気に入っているわ。」

18

子ども

SMALL CHILD

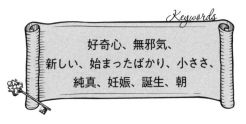

好奇心、無邪気、
新しい、始まったばかり、小ささ、
純真、妊娠、誕生、朝

　「子ども」のカードです。このカードは、新たな始まり、新鮮なスタート、何か小さなもの、好奇心、オープンな心を意味します。

　自分の周りにいる子どもを表しますが、自分の中の子どもの部分を象徴するときもあります。「子ども」が表している人には知らないことがたくさんあり、愚かな行動が多いかもしれません。文字どおりの子どもを意味することもあれば、たとえとして子どものような存在を意味するときもあり、さらにその両方を同時に表している場合もあるので、覚えておいてください。

マントラ:
私は完璧な神の子である

影響: ポジティブ

向き: 左

ひとことで言うと:
イエス

分野: 子ども

左側にあるカードとのコンビネーションの意味＝未来

NO.1　主役（男性）・・・・・・「主役（男性）」は新たな始まりを経験する。相談者はナイーブである。

NO.2　主役（女性）・・・・・・「主役（女性）」は 新たな始まりを経験する。相談者はナイーブである。

NO.3　結婚・・・・・・・・・新婚。誕生したばかりの提携。新たな深い関わりや新たに交わした約束。結んだばかりの新鮮な同意。

NO.4　出会い・・・・・・・・若いカップル。婚約したばかり。深く関わることになったばかり。オープンな考えのカップル。

NO.5　ムッシュ・・・・・・・孫と祖父。「ムッシュ」にとっての新たな始まり。「ムッシュ」はナイーブである。

NO.6　マダム・・・・・・・・孫と祖母。「マダム」にとっての新たな始まり。「マダム」はオープンな心の持ち主である。

NO.7　うれしい便り・・・・・出生証明書。出産報告。良い知らせ。ポジティブな内容の連絡。ポジティブな内容の電話。

NO.8　嘘つき・・・・・・・・幼い養子。人を操る子ども。ネガティブなスタート。新たな敵。里親。

NO.9　変化・・・・・・・・・新たな局面。早期の変化。ゼロから始める。新たな方向。

NO.10　旅・・・・・・・・・ポジティブな旅。新たな旅路を歩みだす。新車。新しい移動手段。

NO.11　大金・・・・・・・・・新たな資金源。裕福な子ども。子どもの年金。子どものために使ったお金。

NO.12　若い女性・・・・・・才能のある子ども。女の子。娘。妊娠中の若い女性。オープンな考えの女性。のんきな人。

NO.13　若い男性・・・・・・才能のある子ども。男の子。息子。妊娠させた若い男性。オープンな心の男性。のんきな人。

NO.14　悲しい知らせ・・・・・病気の赤ちゃん。泣いている赤ちゃん。好奇心が問題を引き起こす。厳しい状況。

NO.15　愛の実り ・・・・・・・可愛らしい子ども。可愛らしい赤ちゃん。新しい恋。オープンな考えの関係。

NO.16　心のうち ・・・・・・・新しい考え。新しいアイディア。子どもじみた想像。愚かな考え。

NO.17　贈り物 ・・・・・・・・・天才児。ベビー・シャワー。相続。早めの贈り物。ハッピーな訪問者。

NO.19　弔い ・・・・・・・・・・移行期。中絶。終わりと新たな始まり。人生を変える出来事。反対のエネルギー。

NO.20　家 ・・・・・・・・・不動産などの資産を買う。実家。子どもの頃の家。幼稚園、保育園、児童養護施設。

NO.21　リビング ・・・・・・・新しいマンション。小さな家。小ぶりのマンション。狭い部屋。個人の小さなプライベート空間。

NO.22　軍人・・・・・・・・・・・一線を引く。きちんとした子ども。安全な新しい始まり。有無を言わさない態度の子ども。制服姿の子ども。

NO.23　法廷・・・・・・・・・新しい手続き。養子縁組の手続き。新しい決定。愚かな決定。愚かな手続き。

NO.24　盗み・・・・・・・・・打ち解けない子ども。存在を知られていない子ども。信用できない子ども。新たな損失。小さな損失。

NO.25　名誉・・・・・・・・・存在を知られている子ども。婚外子の認知。うまくいっている子ども。報われている子ども。才能のある子ども。

NO.26　幸運・・・・・・・・・・ラッキーな始まり。ラッキーな子ども。新たなチャンス。ちょっとした運の良さが大きな幸運に変わる。

NO.27　予期せぬお金 ・・・・新しい契約の交渉中。想定外の妊娠。オープンな考えの中年の女性。

NO.28　期待・・・・・・・・・・新たな期待。妊娠を望んでいる。愚かな期待。何か新しいことを期待している。

NO.29　牢獄・・・・・・・・・・子ども病院。児童養護施設。進展を妨げられている変化。貧しさに苦しんでいる子ども。ひとりぼっちの子ども。

NO.30　法律・・・・・・・・・後見人制度。新しいアドバイス。新しい相談。

NO.31　不調・・・・・・・・・病気の子ども。遅れ。妨害。子どもの頃の病気。体の弱い子ども。眠そうな子ども。

NO.32　悲痛・・・・・・・・・騙されている子ども。拒絶された子ども。虐待されている子ども。何かの中毒の子ども。

NO.33　邪心・・・・・・・・・ネガティブな考えの子ども。空想家。鬱の一歩手前。子どもが原因の心配事。

NO.34　多忙・・・・・・・・・子どもと一緒に働く。よく働く子ども。ちょっとした仕事。教師。世話人や介護者。

NO.35　遠路・・・・・・・・・新規プロジェクトが始まる。我慢強さを大いに発揮する。外国人の子ども。ほんの小さな一歩。

NO.36　希望、大海・・・・・・精神性の高い子ども。感受性が高い。小さな希望。

右側にあるカードとのコンビネーションの意味＝過去

NO.1　主役（男性）・・・・・・「主役（男性）」は新たな始まりを経験する。相談者はナイーブだった。

NO.2　主役（女性）・・・・・・相談者の女性にとっての新たな始まりだった。妊娠していた。相談者の女性はオープンな心の持ち主だった。

NO.3　結婚・・・・・・・・・過去の深い関わりや交わした約束。過去の婚約。過去の同意。

NO.4　出会い・・・・・・・・「子ども」はベビー・シャワー、洗礼式、またはパーティーのようなイベントに関わっていた。

NO.5　ムッシュ・・・・・・・孫と祖父。「ムッシュ」が新たな始まりを経験した。「ムッシュ」はナイーブだった。

NO.6　マダム・・・・・・・・孫と祖母。「マダム」にとっての新たな始まりだった。「マダム」はオープンな心の持ち主だった。

NO.7　うれしい便り・・・・・出生証明書。出産報告。良い知らせ。ポジティブな内容の連絡。ポジティブな内容の電話。

NO.8　嘘つき・・・・・・・・幼い養子。人を操る子ども。ネガティブなスター

ト。新たな敵。里親。

NO.9　変化・・・・・・・・・・・新たな局面。早期の変化。ゼロから始める。新たな方向。

NO.10　旅・・・・・・・・・・・・ポジティブな旅。新たな旅路を歩みだす。新車。新しい移動手段。

NO.11　大金・・・・・・・・・・新たな資金源。裕福な子ども。子どもの年金。子どものために使ったお金。

NO.12　若い女性・・・・・・・才能のある子ども。女の子。娘。妊娠中の若い女性。オープンな考えの女の人。のんきな人。

NO.13　若い男性・・・・・・・才能のある子ども。男の子。息子。妊娠させた若い男性。オープンな心の男の人。のんきな人。

NO.14　悲しい知らせ・・・・病気の赤ちゃん。泣いている赤ちゃん。好奇心が問題を引き起こす。厳しい状況。

NO.15　愛の実り・・・・・・・可愛らしい子ども。可愛らしい赤ちゃん。新しい恋。オープンな考えの関係。

NO.16　心のうち・・・・・・・新しい考え。新しいアイディア。子どもじみた想像。愚かな考え。

NO.17　贈り物・・・・・・・・・天才児。ベビー・シャワー。相続。早めの贈り物。ハッピーな訪問者。

NO.19　弔い・・・・・・・・・・・移行期。中絶。終わりと新たな始まり。人生を変える出来事。反対のエネルギー。

NO.20　家・・・・・・・・・・・・不動産などの資産を買う。実家。子どもの頃の家。幼稚園、保育園、児童養護施設。

NO.21　リビング・・・・・・・新しいマンション。小さな家。小ぶりのマンション。狭い部屋。個人の小さなプライベート空間。

NO.22　軍人・・・・・・・・・・一線を引く。きちんとした子ども。安全な新しい始まり。有無を言わさない態度の子ども。制服姿の子ども。

NO.23　法廷・・・・・・・・・・新しい手続き。養子縁組の手続き。新しい決定。愚かな決定。愚かな手続き。

NO.24　盗み・・・・・・・・・・打ち解けない子ども。存在を知られていない子ども。信用できない子ども。新たな損失。小さな

損失。

NO.25　名誉 · · · · · · · · · · · · 存在を知られている子ども。婚外子の認知。うまくいっている子ども。報われている子ども。才能のある子ども。

NO.26　幸運 · · · · · · · · · · 　ラッキーな始まり。ラッキーな子ども。新たなチャンス。ちょっとした運の良さが大きな幸運に変わった。

NO.27　予期せぬお金 · · · · · 新しい契約の交渉中だった。想定外の妊娠。オープンな心の中年の女性。

NO.28　期待 · · · · · · · · · · 　新たな期待。妊娠を望んでいた。愚かな期待。何か新しいことを期待していた。

NO.29　牢獄 · · · · · · · · · 　子ども病院。児童養護施設。進展を妨げられている変化。貧しさに苦しんでいる子ども。ひとりぼっちの子ども。

NO.30　法律 · · · · · · · · · · 後見人制度。新しいアドバイス。新しい相談。

NO.31　不調 · · · · · · · · · 　病気の子ども。遅れ。妨害。子どもの頃の病気。体の弱い子ども。眠そうな子ども。

NO.32　悲痛 · · · · · · · · · 　騙されている子ども。拒絶された子ども。虐待されている子ども。何かの中毒の子ども。

NO.33　邪心 · · · · · · · · · 　ネガティブな考えの子ども。空想家。鬱の一歩手前だった。子どもが原因の心配事。

NO.34　多忙 · · · · · · · · · 　子どもと一緒に働いた。よく働く子ども。ちょっとした仕事。教師。世話人や介護者。

NO.35　遠路 · · · · · · · · · · 新規プロジェクトが始まった。我慢強さを大いに発揮した。外国人の子ども。ほんの小さな一歩。

NO.36　希望、大海 · · · · · 精神性の高い子ども。感受性が高かった。小さな希望。

 　上側にあるカードとのコンビネーションの意味＝考えていること　

NO.1　主役（男性） · · · · · · ·「子ども」は自分の父親のことを考えている。

NO.2　主役（女性）・・・・・・「子ども」は自分の母親のことを考えている。

NO.3　結婚・・・・・・・・・・・「子ども」は自分の両親のことを考えている。

NO.4　出会い・・・・・・・・・「子ども」は出来事、集まり、またはパーティー
　　　　　　　　　　　　のことを考えている。

NO.5　ムッシュ・・・・・・・・「子ども」は自分の祖父または祖母のことを考え
　　　　　　　　　　　　ている。

NO.6　マダム・・・・・・・・・「子ども」は自分の祖母または名づけ親の女性の
　　　　　　　　　　　　ことを考えている。

NO.7　うれしい便り・・・・・「子ども」は絵を描くこと、または詩を詠むこと
　　　　　　　　　　　　を考えている。

NO.8　嘘つき・・・・・・・・・「子ども」はタチの悪い人のことを考えている。
　　　　　　　　　　　　誰か敵がいると感じている。

NO.9　変化・・・・・・・・・・・「子ども」は変化について、新しいことが起こっ
　　　　　　　　　　　　ていると考えている。

NO.10　旅・・・・・・・・・・・「子ども」は旅行、自転車をこぐこと、車に乗る
　　　　　　　　　　　　ことを考えている。

NO.11　大金・・・・・・・・・・「子ども」はお金のことを考えている。

NO.12　若い女性・・・・・・・「子ども」は自分の姉妹のことを考えている。

NO.13　若い男性・・・・・・・「子ども」は自分の兄弟のことを考えている。

NO.14　悲しい知らせ・・・・・「子ども」は戸惑うような知らせのことを考えて
　　　　　　　　　　　　いる。

NO.15　愛の実り・・・・・・・「子ども」は人々が態度で示す自分への愛につい
　　　　　　　　　　　　て考えている。

NO.16　心のうち・・・・・・・空想家。想像豊か。

NO.17　贈り物・・・・・・・・・「子ども」は自分のプレゼントのこと、誰かが訪
　　　　　　　　　　　　ねてくることを考えている。

NO.19　弔い・・・・・・・・・・「子ども」は何かが終わること、亡くなったばか
　　　　　　　　　　　　りの人のことを考えている。

NO.20　家・・・・・・・・・・・「子ども」は自分の家や家族のことを考えている。

NO.21　リビング・・・・・・・「子ども」は自分の部屋、遊び場のことを考えて
　　　　　　　　　　　　いる。

NO.22　軍人・・・・・・・・・・「子ども」は警察官、消防士、医者のこと、退役

軍人の軍服について考えている。

NO.23　法廷 ···········「子ども」は何が正しくて何が間違っているか、何が正当で何が不当かを考えている。

NO.24　盗み ···········「子ども」は何かを盗むこと、誰かを連れていくことを考えている。なくなったもののことを考えている。

NO.25　名誉 ···········独創的で、優れた、天賦の才のある子ども。

NO.26　幸運 ···········「子ども」は新しいチャンスのこと、幸運について考えている。

NO.27　予期せぬお金 ·····「子ども」は予期せぬ贈り物とお金のことを考えている。

NO.28　期待 ···········「子ども」は何か、または誰かを期待している。

NO.29　牢獄 ···········「子ども」は、自分がひとりぼっちであること、自分に自由がないと考えている。

NO.30　法律 ···········「子ども」はアドバイスについて考えている。

NO.31　不調 ···········「子ども」は自分の体調が悪いことについて、よく眠れないことについて考えている。

NO.32　悲痛 ···········「子ども」は困っていること、難しいことについて考え、悲しんでいる。

NO.33　邪心 ···········「子ども」は恐れに囚われている。何らかの役割を演じて装うことについて、劇的な状況について考えている。

NO.34　多忙 ···········「子ども」は何かに没頭している。見習いの仕事がたいへんなのかもしれない。

NO.35　遠路 ···········「子ども」は遠く離れた目的地のことを考えている。

NO.36　希望、大海 ·······「子ども」は異文化に心を奪われている。透視能力があるかもしれない。

下側にあるカードとのコンビネーションの意味 = 実現していること

NO.1　主役（男性）･･･････「子ども」には父親がいる。

NO.2　主役（女性）･･･････「子ども」には母親がいる。

NO.3　結婚･･････････････「子ども」には両親がいる。

NO.4　出会い･･･････････「子ども」は社交的である。人と一緒にいること
　　　　　　　　　　　　　が大好きである。

NO.5　ムッシュ･････････善良な賢い子どもで、一緒に暮らしやすい。

NO.6　マダム･･･････････善良な賢い子どもで、一緒に暮らしやすい。

NO.7　うれしい便り･････「子ども」は人柄が良く、人と良くコミュニケー
　　　　　　　　　　　　　ションを取り、喜びや幸せをもたらすことが
　　　　　　　　　　　　　多い。

NO.8　嘘つき･･････････「子ども」はいたずら好きで、自分が欲しいもの
　　　　　　　　　　　　　を手に入れるために全員を操る。幼い養子。

NO.9　変化････････････「子ども」は変わった。成長している。

NO.10　旅･････････････「子ども」は車が大好きでドライブが楽しい。

NO.11　大金･･･････････恵まれた裕福な子ども。

NO.12　若い女性･･･････彼女は、姉妹または親戚の若い女性にとって「子
　　　　　　　　　　　　　ども」である。わがままな子どものようである。

NO.13　若い男性･･･････「子ども」は自分の兄弟または親戚の若い男性と
　　　　　　　　　　　　　仲が良い。わがままな子どものようである。

NO.14　悲しい知らせ･･･「子ども」は性格が悪く、あらゆることに文句を
　　　　　　　　　　　　　言う。

NO.15　愛の実り･･･････「子ども」は可愛らしく大切な存在である。

NO.16　心のうち･･･････「子ども」は空想家である。

NO.17　贈り物･･･････････「子ども」は贈るのも贈られるのも大好きで、意
　　　　　　　　　　　　　外な人、天からの贈り物のような人である。

NO.19　弔い･･･････････「子ども」は終わり、別れ、死を経験している。

NO.20　家･･･････････････「子ども」は家族ととても仲が良い。

NO.21　リビング･･･････「子ども」は自分のことを明かさず、自分の部屋
　　　　　　　　　　　　　にこもるのが好きである。

NO.22　軍人・・・・・・・・・・「子ども」には信念や主義がある。

NO.23　法廷・・・・・・・・・・「子ども」は賢い。

NO.24　盗み・・・・・・・・・・「子ども」は何かを持ち去るような人である。欲しいものを人から奪おうとする傾向がある。

NO.25　名誉・・・・・・・・・・「子ども」は天才児である。

NO.26　幸運・・・・・・・・・・「子ども」は幸運である。

NO.27　予期せぬお金・・・・・「子ども」は金銭的なサポートを受けている。驚くような子ども。予想外の贈り物。

NO.28　期待・・・・・・・・・・「子ども」は我慢強い。

NO.29　牢獄・・・・・・・・・孤独な子ども。

NO.30　法律・・・・・・・・・幼い養子。

NO.31　不調・・・・・・・・・病気の子ども。子どもの頃の病気。

NO.32　悲痛・・・・・・・・・鬱状態の子ども。何かの中毒の子ども。

NO.33　邪心・・・・・・・・・「子ども」はネガティブで、悲観的である。

NO.34　多忙・・・・・・・・・よく働き、やる気にあふれた子ども。

NO.35　遠路・・・・・・・・・我慢強い子ども。幼い養子。

NO.36　希望、大海・・・・・・「子ども」には生まれ持った才能がある。サイキック能力があるかもしれない。生まれながらの芸術家。

弓い

A FUNERAL

Keywords

終わり、変容、
死、夜、暗闇、終結、痛み、
決定的、逆戻りできない、結論

A Funeral

　タロットの「死」のカードのように、「弓い」のカードを死と結びつける人が多いですが、そんな心配はいりません！　このカードがリーディングに出ても、もうすぐ死ぬという意味ではありません。何かが終わる、変わりゆく状態であることを示しており、さなぎが蝶になるように変容を遂げていることを伝えています。

　読者の皆さんの中には、カードに描かれた棺が指し示しているカードに目を向ける方がいるでしょう。そのカードは変容がどこで起こっているか、何が終わりを迎えているかを示します。それがネガティブなカードであれば、つらく厳しい変化である可能性があります。「弓い」がどのような影響をもたらすかは周りのカードから読み取ります。

マントラ：
私は人生を変える準備
ができている

影響：ネガティブ

向き：なし

ひとことで言うと：ノー

分野：終わりと移行

「弔い」のカードとのコンビネーションの意味

NO.1　主役（男性）・・・・・・変化。「主役（男性）」に変革をもたらす状況。終わり、別離。

NO.2　主役（女性）・・・・・・変化。「主役（女性）」に変革をもたらす状況。終わり、別離。

NO.3　結婚・・・・・・・・・・離婚。決定的な別離。結婚生活の終わり。不幸な結婚。終わっている関係。

NO.4　出会い・・・・・・・・「弔い」の列。実りのない交渉。遅い時間に会う。変革をもたらすグループ。

NO.5　ムッシュ・・・・・・・変化。「ムッシュ」に変革をもたらす状況。終わり、別離。

NO.6　マダム・・・・・・・・変化。「マダム」に変革をもたらす状況。終わり、別離。

NO.7　うれしい便り・・・・・死亡証明書。誰かが亡くなるというメッセージ。ネガティブな手紙。新たな始まりをもたらす知らせ。

NO.8　嘘つき・・・・・・・・・不公正な終わり。間違った別離。人を操るひどい人。辛苦を言い訳に使う。秘密の終わり。

NO.9　変化・・・・・・・・・・大きな変容。別れを告げる。決定的な状況。元には戻らない変化。妨げられている変化。

NO.10　旅・・・・・・・・・・・葬儀に向かう。夜の旅行や移動。死への旅。路上事故。最後の旅路。

NO.11　大金・・・・・・・・・・相続。遺産。葬儀費用。破滅、リースの終了。取ってあるお金。埋めてあるお金。

NO.12　若い女性・・・・・・・変化。「若い女性」に変革をもたらす状況。終わり、別離。

NO.13　若い男性・・・・・変化。「若い男性」に変革をもたらす状況。終わり、別離。

NO.14　悲しい知らせ・・・・・誰かが亡くなるというメッセージ。悲しい終わり。ひとつの区切り。悲しい結論。

NO.15　愛の実り ······· 愛の終わり。別離。失恋。お別れ。大切な人に別れを告げる。

NO.16　心のうち ······· 死への不安。気持ちの決着。別離について心配する。暗い思いや邪悪な考え。

NO.17　贈り物 ········ 相続。寄付。夜の訪問。究極の贈り物。最後の訪問。スピリットの訪れ。

NO.18　子ども ········ 移行期。中絶。終わりと新たな始まり。人生を変える出来事。反対のエネルギー。

NO.20　家 ·········· 「家」を出る。家族から離れる。家を売りに出す。最終的な住居。終の棲家。

NO.21　リビング ······ 墓または墓穴。マンションから引っ越す。秘密の終わり。プライバシーの終わり。

NO.22　軍人 ········· 正式な葬儀。兵役の終わり。正しい結論。正式な死亡通知。

NO.23　法廷 ········· 行政手続きの終わり。確定した評決。相続。寄付。

NO.24　盗み ········· 死を秘密にしておく。盗難品を埋める。なりすまし。決定的な損失。

NO.25　名誉 ········· 厳かな葬儀。賞の授与や受理の拒絶。報酬の滞り。死後の栄光や名声。

NO.26　幸運 ········· 天の祝福を受けた変化。ポジティブな終結。驚異の変容。天の祝福を受けた葬儀。

NO.27　予期せぬお金 ···· 予想外の突然の他界。相続。寄付。中年の女性が亡くなった。

NO.28　期待 ········· 予想どおりの死。予想どおりの終わり。待ちに待った別離。終わりを予想している。

NO.29　牢獄 ········· 自由の身になる。退院。病院で死ぬ。妨げられている変化。

NO.30　法律 ········· 相続または寄付。敵意がなくなる。治療が終わる。評決。最終決定。

NO.31　不調 ········· 病状の悪化、病気が治る（質問しだいでどちらの意味にもなり得る）。

NO.32　悲痛 ‥‥‥‥‥‥‥‥絶望的な状況。辛苦から立ち直れない。大いなる
　　　　　　　　　　　　欺瞞。つらい状況。

NO.33　邪心 ‥‥‥‥‥‥‥不安、鬱、辛苦に圧倒されている。ネガティブな
　　　　　　　　　　　　考え。胸の痛む考え。

NO.34　多忙 ‥‥‥‥‥‥‥引退。キャリアの再転換。クビになる。雇用契約
　　　　　　　　　　　　の終了。斎場で働く。

NO.35　遠路 ‥‥‥‥‥‥‥‥じわじわ死ぬ。徐々に起こる変化。ゆっくりした
　　　　　　　　　　　　動き。致命的な変化。

NO.36　希望、大海 ‥‥‥‥霊媒能力。天国にいる大切な人。希望の終わり。
　　　　　　　　　　　　精神の死。臨死体験。

 「弔い」のカードにまつわるリーディング例

　タロットのデッキから「死」のカードがひらりとテーブルの上に舞い降りる、というホラー映画のせいで、「弔い」のカードは大いに誤解されています。実際のリーディングでは、タロットの「死」のカードもキッパー・カードの「弔い」のカードも死の宣告ではありません。このカードは単に移行を示し、一度変わったら元には戻らない変化を表しています。

　ヴァネッサは、長く大企業に勤めています。自分は昇進するはずだが本当に昇進できるかを知りたいと思っていました。イエスかノーかという答えを知りたいリーディングではカードが多すぎると答えがわかりにくくなるため、私は2枚だけカードを引くことにしています。必要なら、もう1枚引いて答えをクリアにします。ヴァネッサに出たのは以下の2枚でした。

　＋　

「多忙」　　　　　　　「弔い」

　仕事が終わりを迎える、過渡期である、ある立場を離れる、または新しい立場に立ち始める、と読めます。そしてこの変化は逆戻りできません。これだけでは不完全だと感じたので、はっきり答えを出すためにヴァネッサにもう1枚カードを引いてもらいました。彼女が引いたのは25「名誉」で、答えは実に明確でした。ヴァネッサは日頃の働きぶりが認められて昇進するでしょう。誰も死なないとわかりましたね！

「名誉」

家

THE HOUSE

20

Keywords

家、資産、家族、
家族生活、基盤、所有、
安全、安心、安定

マントラ:
私はくつろげる場所にい
て、安全である

影響:ポジティブ

向き:なし

ひとことで言うと:
イエス

分野:家、家族、不動
産などの資産

　どっしりと見上げるように立つ「家」は、自分の
家、家族、大切な人たち、安心できる安全な場所、
または自分が住んでいるところを表します。リー
ディングに出てくる「家」は質問によって多少その
意味が異なり、不動産などの資産や所有を意味する
ときもあれば、安全、安心、安定を象徴するときも
あります。

　自分を表すカードの隣に「家」が出たら心配はい
りません。勇気を持って人生に立ち向かう強さを得
られます。

「家」のカードとのコンビネーションの意味

NO.1　主役（男性）‥‥‥‥相談者の男性の家、家族、不動産などの資産。一
緒にいて和む人。安心できるパートナー。

NO.2　主役（女性）‥‥‥‥相談者の女性の家、家族、不動産などの資産。一
緒にいて和む人。安心できるパートナー。

NO.3　結婚‥‥‥‥‥‥‥調和の取れた家庭生活。互いに相手に安心を感じ
ているカップル。確かに信頼できるカップル。安
心できる関係。

NO.4　出会い‥‥‥‥‥‥家で行われる打合せ。引っ越し祝い。閉鎖された
社会。人間関係のネットワーク。家族。

NO.5　ムッシュ‥‥‥‥‥円満な家庭の年配の男性。守ってくれる人。男性
のスピリット・ガイドまたは祖先、祖父、叔父。

NO.6　マダム‥‥‥‥‥‥円満な家庭の年配の女性。守ってくれる人。女性
のスピリット・ガイドまたは祖先、祖母、叔母。

NO.7　うれしい便り‥‥‥‥家族との連絡。不動産などの資産の契約書。安心
を伝える手紙。家族からの知らせ。

NO.8　嘘つき‥‥‥‥‥‥間違った家。人を操る家族のメンバー。環境の悪
い地区。家族からの嫉妬。

NO.9　変化‥‥‥‥‥‥‥家のリフォーム。家の引っ越し。家族の中の変
化。新しく増えた家族。

NO.10　旅‥‥‥‥‥‥‥‥安全な旅行。家族を訪ねる。ファミリー・カー。
家族旅行。別荘。

NO.11　大金‥‥‥‥‥‥‥相続。遺産。家を買う。家に関する出費。家族の
財産。

NO.12　若い女性‥‥‥‥‥円満な家庭の若い女性。守ってくれる人。若い女
性のスピリット・ガイドまたは祖先、姉妹、娘、
姪。

NO.13　若い男性‥‥‥‥‥円満な家庭の若い男性。守ってくれる人。若い男
性のスピリット・ガイドまたは祖先、兄弟、息
子、甥。

NO.14　悲しい知らせ ‥‥‥家族に関する心配。家族の中の悲しみ。家族の問題。家族の悲しい歴史。

NO.15　愛の実り ‥‥‥‥素敵な家。平穏な家族。強い絆。家族からの愛。愛に満ちた家族。

NO.16　心のうち ‥‥‥‥家族に関する心配。家の計画。安全や保障についての計画。不動産などの資産について考えている。

NO.17　贈り物 ‥‥‥‥‥相続。寄付。「家」への贈り物。一緒にやって来る訪問者。安全な贈り物。

NO.18　子ども ‥‥‥‥‥新しい家。小さな家。保育園。里親家庭や里子の保護施設。子どもにとって安全な場所。

NO.19　弔い ‥‥‥‥‥‥「家」を出る。家族から離れる。家を売りに出す。墓場。

NO.21　リビング ‥‥‥‥プライベートな部屋。ホーム・オフィス。確固たる基盤。秘密の部屋。

NO.22　軍人 ‥‥‥‥‥‥警察署。消防隊。権力のある家族のメンバー。安全な場所。きちんとした家。警報装置がついている。

NO.23　法廷 ‥‥‥‥‥‥土地の登記。不動産の行政手続き。不動産などの資産の権利。不動産などの資産に関わる法的な事柄。

NO.24　盗み ‥‥‥‥‥‥家を失う。家族の秘密。強盗。安全でない家。家族の中にいる泥棒。

NO.25　名誉 ‥‥‥‥‥‥大学。立派な家。フラタニティーやソロリティー^(訳注10)。人々から尊敬されている著名な家族。

NO.26　幸運 ‥‥‥‥‥‥カジノ。とばく場。うまくいっている家族。幸運な家族。裕福な家庭。

NO.27　予期せぬお金 ‥‥‥想定外の請求書。中年の隣人。銀行。預金口座。

NO.28　期待 ‥‥‥‥‥‥家族の間の前提。家の期待。家族の期待。

NO.29　牢獄 ‥‥‥‥‥‥療養所。休憩所。ホスピス。ケア・センター。自

訳注10 アメリカの大学における学生の社交クラブ。男性の会がフラタニティー、女性の会がソロリティーと呼ばれる。クラブとして学生寮を持っていたり、会のメンバーや卒業生と強い絆を持つものが多い。

宅療養。

NO.30　法律・・・・・・・・・・・家の専門家に相談する。不動産屋。家族療法。

NO.31　不調・・・・・・・・・・・在宅治療。家族の中の病人。家族の中のストレ
　　　　　　　　　　　　　　　ス。遺伝的疾患。

NO.32　悲痛・・・・・・・・・・・家族の欺き。中毒の家族。家族の間の軋轢。ぐら
　　　　　　　　　　　　　　　つく基盤。未解決の家族の問題。

NO.33　邪心・・・・・・・・・・・不安を感じ鬱状態の家族。秘密を抱えている家
　　　　　　　　　　　　　　　族。自分の考えを人と共有しない。怖がっている
　　　　　　　　　　　　　　　家族。

NO.34　多忙・・・・・・・・・・・ホーム・オフィス。自宅で仕事をする。家族経営
　　　　　　　　　　　　　　　の会社。フリーランス。安全な仕事。家族と一緒
　　　　　　　　　　　　　　　に働く。

NO.35　遠路・・・・・・・・・・・遠くにある別荘。遠くに住んでいる家族のメン
　　　　　　　　　　　　　　　バー。家を手に入れるのに時間がかかる。

NO.36　希望、大海・・・・・・精神性の高い家。精神性の高い家族。水辺の家。
　　　　　　　　　　　　　　　海外の別荘。

「家」のカード

　3枚のカードの中央に出ているため、「その新しい家は、愛が守られ、誰も立ち入ることのできない聖域である」とリーディングできます。

「子ども」　　　　　　　「家」　　　　　　　「愛の実り」

リビング

THE LIVING ROOM

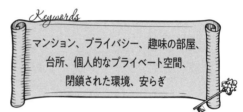

Keywords

マンション、プライバシー、趣味の部屋、
台所、個人的なプライベート空間、
閉鎖された環境、安らぎ

マントラ：
私は愛と共に自分の空間を称え、その空間の隅々まで愛で満たす

影響：ポジティブ

向き：なし

ひとことで言うと：
イエス

分野：親密さとプライバシー

　「リビング」は、「家」のカードと同じく、家族の絆や不動産などの資産に関係のあるカードです。「リビング」は家の中心でありプライベートな場所なので、「家」のカードと違って、このカードが映し出す空間には制約があり、もっと親密なものごとや状況を表すことになります。

　私のリーディングでは、このカードがその人だけの神聖な空間や、相談者が自分の考えをまとめて計画を立てる場所を示すことがよくあります。住宅のタイプを表すときは、マンションのような集合住宅、こぢんまりした住居を意味する場合が多いです。

「リビング」のカードとのコンビネーションの**意味**

NO.1　主役（男性）‥‥‥‥相談者の男性にとって親密に感じるものやプライバシー。相談者の男性はくつろいでいる。相談者の男性は用心深い。

NO.2　主役（女性）‥‥‥‥相談者の女性にとって親密に感じるものやプライバシー。相談者の女性はくつろいでいる。相談者の女性は用心深い。

NO.3　結婚‥‥‥‥‥‥‥カップルの親密さ。カップルのプライベートな生活。互いに落ち着き安らぐ。

NO.4　出会い‥‥‥‥‥‥プライベートで会う。秘密の儀式。親しい友達の輪。プライベートな集まり。

NO.5　ムッシュ‥‥‥‥「ムッシュ」にとって親密に感じるものやプライバシー。「ムッシュ」はくつろいでいる。「ムッシュ」は用心深い。

NO.6　マダム‥‥‥‥‥「マダム」にとって親密に感じるものやプライバシー。「マダム」はくつろいでいる。「マダム」は用心深い。

NO.7　うれしい便り‥‥‥プライベートな手紙。親密な会話。不動産などの資産の契約書。秘密の手紙。

NO.8　嘘つき‥‥‥‥‥妬んでいる裏切り者が近くにいる。自分の周りに気をつけること。良くない環境。

NO.9　変化‥‥‥‥‥‥身近な変化。家またはマンションの引っ越し。リフォーム。改築。改装。家族の変化。

NO.10　旅‥‥‥‥‥‥秘密の旅行。個人的な旅。家族の誰かに会いにいくところ。プライベートの車。

NO.11　大金‥‥‥‥‥家族のためのお金。相続。小ぶりのマンションか高級マンションを購入する。融資。住宅ローン。

NO.12　若い女性‥‥‥‥「若い女性」にとって親密に感じるものやプライバシー。「若い女性」はくつろいでいる。「若い女性」は用心深い。

NO.13　**若い男性** ・・・・・・・「若い男性」にとって親密に感じるものやプライバシー。「若い男性」はくつろいでいる。「若い男性」は用心深い。

NO.14　**悲しい知らせ** ・・・・・仲の良い家族への悲しい知らせ。マンションに心地悪さを感じる。悲しい知らせを秘密のままにする。

NO.15　**愛の実り** ・・・・・・・愛に満ちたマンション。仲良し。強い感情。

NO.16　**心のうち** ・・・・・・・親密な思い。内なる思い。兄弟姉妹や仲の良い家族のメンバーについて考えている。

NO.17　**贈り物** ・・・・・・・・プライベートまたは秘密の贈り物。マンションを相続する。家族の訪問。

NO.18　**子ども** ・・・・・・・・新しいマンション。小さな家。小ぶりのマンション。狭い部屋。個人の小さなプライベート空間。

NO.19　**弔い** ・・・・・・・・・墓または墓穴。マンションから引っ越す。秘密の終わり。プライバシーの終わり。

NO.20　**家** ・・・・・・・・・・「家」を出る。家族から離れる。家を売りに出す。墓場。

NO.22　**軍人** ・・・・・・・・・安全な避難先。守られているマンション。警報装置がついている。きちんとしたマンション。

NO.23　**法廷** ・・・・・・・・・土地の登記。不動産の行政手続き。不動産などの資産の権利。所有権に関わる法的な事柄。

NO.24　**盗み** ・・・・・・・・・親密でなくなる。泥棒。安全でないマンション。家族の中にいる泥棒。

NO.25　**名誉** ・・・・・・・・・プライベート・レッスン。プライベートの授業。受賞者。

NO.26　**幸運** ・・・・・・・・・うまくいっている家族。幸運な家族。価値ある大切な親密さ。個人的な幸せ。その人自身の運。

NO.27　**予期せぬお金** ・・・・・想定外の請求書。中年の隣人。マンションを購入する。

NO.28　**期待** ・・・・・・・・・家族の間の前提。家の期待。家族の期待。

NO.29　**牢獄** ・・・・・・・・・建物。マンションの区画。留置所。専門病院。

NO.30　**法律** ・・・・・・・・・家の専門家に相談する。不動産屋。家族療法。

NO.31　**不調** ・・・・・・・・・家族の中の病人。プライベートな生活に影響があ

る。保健室。無理やり休まされる。

NO.32　悲痛 ・・・・・・・・・・・・未解決の個人的な問題。堕落したプライベートな生活。プライベートな面で誰かまたは何かに欺かれる。

NO.33　邪心 ・・・・・・・・・・・・自分のプライベートな生活に不安がある。マンションについて心配している。プライベートな秘密を抱えている。

NO.34　多忙 ・・・・・・・・・・・・ホーム・オフィス。自宅で仕事をする。フリーランス。家事。家族と一緒に仕事をする。

NO.35　遠路 ・・・・・・・・・・・・遠くにある別荘。遠くに住んでいる家族のメンバー。マンションを手に入れるのに時間がかかる。

NO.36　希望、大海 ・・・・・・神聖な空間。水辺のマンション。マンションに関して希望を抱く。

「家」と「リビング」のカード

　「家」も「リビング」も自分の住んでいる場所についてのカードですが、「リビング」は、どちらかといえばプライベートな場所、プライベートな生活に関わるところを表します。誰でも入れる場所ではなく、大切にしているものを飾ったり、プライベートな話や親密な会話をするのが21「リビング」です。「家」のカードが表すのはもっと多くの人のための場所でプライベートな空間ではありません。「リビング」はそれとは違って、誰かと共有することができないプライベートな空間になります。

「家」

「リビング」

軍人

A MILITARY

Keywords

制服を着た人、
当局、支配や優位、正しさ、
規律、秩序

マントラ:
私は自らの人生の支配
者である

影響: ネガティブ

向き: 左

ひとことで言うと: ノー

分野: 制服を着た人

「軍人」は、原理原則、正しさ、支配や優位のカードです。キッパー・カードではネガティブなことの兆しとされていますが、それはキッパー・カードが誕生した時代では、一般の人々がバイエルン陸軍[訳注11]を恐れていたことから来ています。

「軍人」は、警察官、消防士、医師、看護師などのような、制服を着て仕事をする人々を象徴しています。ある状況では構造や秩序を求めるカードとなり、別の状況では出来事、気持ち、疑い、洞察などが正しいことを意味します。周りのカードがさらに詳しく、細かなことを伝えてくれます。

訳注11 現ドイツ、バイエルン州の前身に当たるバイエルン王国の軍隊。他国の軍とは比べものにならないほど巨大な組織だった。第一次大戦の敗北をきっかけとしたドイツ帝国の崩壊と共に解体された。

| 左側にあるカードとのコンビネーションの意味=未来 |

NO.1　主役（男性）‥‥‥‥「軍人」が相談者の男性と関わることになる。

NO.2　主役（女性）‥‥‥‥「軍人」が相談者の女性と関わることになる。

NO.3　結婚‥‥‥‥‥‥‥‥「軍人」がカップルと関わることになる。

NO.4　出会い‥‥‥‥‥‥‥「軍人」がグループと関わることになる。または出会いの場で助けを出すことになる。

NO.5　ムッシュ‥‥‥‥‥‥「軍人」が「ムッシュ」と関わることになる。

NO.6　マダム‥‥‥‥‥‥‥「軍人」が「マダム」と関わることになる。

NO.7　うれしい便り‥‥‥‥良い知らせ。知らせが来る。「軍人」にとってポジティブな内容の連絡または電話。

NO.8　嘘つき‥‥‥‥‥‥‥「軍人」がライバルとやり取りすることになる。抜け目のない危険人物。詐欺を働く役人！

NO.9　変化‥‥‥‥‥‥‥‥変化が差し迫っている。軍隊が移動または居場所が変わることになる。計画の変更が成功する。

NO.10　旅‥‥‥‥‥‥‥‥‥計画の変更が成功する。ポジティブになれる旅行。軍隊が出陣する。

NO.11　大金‥‥‥‥‥‥‥‥経済的な安定。お金が入ってくる。「軍人」にとっての富と豊かさ。

NO.12　若い女性‥‥‥‥‥‥娘、姉妹、または若い親戚の女性との関わり。若い女性との仲の良さ。「軍人」の若い恋人。

NO.13　若い男性‥‥‥‥‥‥息子、兄弟、または若い親戚の男性との関わり。若い男性との仲の良さ。「軍人」の若い恋人。

NO.14　悲しい知らせ‥‥‥‥「軍人」がネガティブまたは悲しい知らせを受け取る。憂鬱な気分。悪い知らせへの対応をしている。

NO.15　愛の実り‥‥‥‥‥‥「軍人」が恋に落ちる。情事。幸せでポジティブな恋愛や性生活。

NO.16　心のうち‥‥‥‥‥‥「軍人」は何かで頭がいっぱいである。よく考えている。いろいろあって落ち着かない。

NO.17　贈り物‥‥‥‥‥‥‥周りで「軍人」にとって喜ばしいことが起こる。

贈り物。うれしい訪問。

NO.18　子ども ········· 新たな始まり。妊娠。きちんとした子ども。「軍人」が子どもとやり取りをする。

NO.19　弔い ·········· 「軍人」にとっての終わり、別れ。公の葬儀の手伝い。軍葬。

NO.20　家 ··········· 「軍人」の家。家族のメンバー。または軍の司令部。

NO.21　リビング ······· 「軍人」はくつろいでいる。彼の個人的な空間。警護され守られている環境。

NO.23　法廷 ·········· 警察官。宣誓した人。最終的な評決。正義の勝利。正式に決まる。

NO.24　盗み ·········· 堕落した役人。警察が泥棒を捕まえる。盗まれたものが警察に回収される。

NO.25　名誉 ·········· 勲章。軍歴。公務員。

NO.26　幸運 ·········· 自制心が功を奏する。「軍人」は幸せである。

NO.27　予期せぬお金 ···· 思いがけない儲けを手にする。「軍人」にとって予想外のうれしい驚き。中年の女性との関わり。

NO.28　期待 ·········· 「軍人」は何かとても欲しいもの、したいことを我慢している。隣のカードが何を期待しているかを表す。

NO.29　牢獄 ·········· 病院で働いている人。刑務所の看守。警察官。

NO.30　法律 ·········· 「軍人」が弁護士と会う。専門的な知識や技能を求める。法的な問題に対処している。

NO.31　不調 ·········· 医師。セラピスト。医師の助言。治すには自制が必要である。

NO.32　悲痛 ·········· これから先が大変である。「軍人」の目の前に問題や困難が山積している。パターン。鬱。中毒。

NO.33　邪心 ·········· ネガティブな気分。警察への恐怖心。警察に何か隠している。

NO.34　多忙 ·········· 警察官。医師。消防士。看護師。ヒエラルキー。自分を律する必要のある職業。

NO.35　遠路 ·········· 「軍人」は遠くへ行こうとしている。耐えること

————すぐには実現しない。

NO.36　希望、大海······海外旅行。渡航。外国の地で予想していた出来事が起こる。希望に胸が膨らむ。

右側にあるカードとのコンビネーションの意味=過去

NO.1　主役（男性）······「軍人」が相談者の男性と関わっていた。

NO.2　主役（女性）······「軍人」が相談者の男性と関わっていた。

NO.3　結婚············「軍人」がカップルと関わっていた。

NO.4　出会い··········「軍人」がグループと関わっていた。または出会いの場で助けを出していた。

NO.5　ムッシュ········「軍人」が「ムッシュ」と関わっていた。

NO.6　マダム··········「軍人」が「マダム」と関わっていた。

NO.7　うれしい便り·····「軍人」がポジティブな知らせ、連絡、または電話を受け取った。

NO.8　嘘つき··········「軍人」がライバルと、または抜け目のない危険人物とやり取りしていた。

NO.9　変化············変化が起こっていた。「軍人」が移動した。または居場所が変わっていた。彼の計画の変更が成功した。

NO.10　旅············彼の計画の変更が成功した。ポジティブな旅行。「軍人」が出征した。

NO.11　大金··········経済的な安定。お金が入ってくる。「軍人」にとっての富と豊かさ。

NO.12　若い女性·······「軍人」が娘、姉妹、または若い親戚の女性と関わっていた。若い女性との仲の良さ。若い元恋人。

NO.13　若い男性·······「軍人」が息子、兄弟、または若い親戚の男性と関わっていた。若い男性との仲の良さ。若い元恋人。

NO.14　悲しい知らせ·····「軍人」がネガティブまたは悲しい知らせを受け取った。欝々としたムード、悪い知らせへの対応をした。

NO.15　愛の実り ・・・・・・・・「軍人」は恋をしていた。または情事を重ねていた。幸せでポジティブな恋愛や性生活を送っていた。

NO.16　心のうち ・・・・・・・・「軍人」は何かで頭がいっぱいで、よく考えていた。いろいろあって落ち着かなかった。

NO.17　贈り物・・・・・・・・・周りで「軍人」にとって喜ばしいことが起こった。贈り物。うれしい訪問。

NO.18　子ども ・・・・・・・・・「軍人」は新たな始まりを経験した。妊娠。きちんとした子ども。

NO.19　弔い・・・・・・・・・・「軍人」は終わり、別れを経験した。公の葬儀を手伝った。軍葬。

NO.20　家 ・・・・・・・・・・「軍人」の家、家族のメンバー、または軍の司令部。

NO.21　リビング ・・・・・・・「軍人」はくつろいでいる。彼の個人的な空間。警護され守られている環境。

NO.23　法廷・・・・・・・・・・警察官。宣誓した人。最終的な評決。正義の勝利。正式、公的に決まった。

NO.24　盗み・・・・・・・・・・堕落した役人。警察が泥棒を捕まえた。盗まれたものが警察に回収された。または泥棒が逃げた。

NO.25　名誉・・・・・・・・・・勲章。軍歴。公務員。

NO.26　幸運・・・・・・・・・・自制心が功を奏した。「軍人」は幸せだった。

NO.27　予期せぬお金 ・・・・思いがけない儲けを手にする。「軍人」にとって予想外のうれしい驚き。中年の女性との過去のやり取り。

NO.28　期待・・・・・・・・・・「軍人」は何かとても欲しいもの、したいことを我慢していた。隣のカードが何を期待しているかを表す。

NO.29　牢獄・・・・・・・・・・病院で働いている人。刑務所の看守。警察官。

NO.30　法律・・・・・・・・・・「軍人」が弁護士と会った。専門的な知識や技能を求めた。法的な問題に対処していた。

NO.31　不調・・・・・・・・・・医師。セラピスト。医師の助言。治すには自制が必要だった。

NO.32　悲痛 ·········· 大変な時期を過ごした。「軍人」の目の前に問題
や困難が山積していた。パターン。鬱。中毒。

NO.33　邪心 ·········· ネガティブな気分。警察への恐怖心。警察に何か
隠している。

NO.34　多忙 ·········· 警察官。医師。消防士。看護師。ヒエラルキー。
自分を律する必要のある職業。

NO.35　遠路 ·········· 「軍人」は遠く離れた目的地へ旅した。大いに辛
抱した。

NO.36　希望、大海 ······ 海外旅行。渡航。外国の地で起こった出来事。
「軍人」が希望を持っていた。

上側にあるカードとのコンビネーションの意味＝考えていること

NO.1　主役（男性）······· 「軍人」は誰か特定の男性──パートナー、彼に
とって大切な男性──のことを考えている。

NO.2　主役（女性）······· 「軍人」は誰か特定の女性──配偶者、パート
ナー、彼女にとって大切な女性──のことを考え
ている。

NO.3　結婚 ·········· 「軍人」は調和の取れた関係を夢見ている。将来の
パートナーシップまたは取引について考えている。

NO.4　出会い ·········· 「軍人」は人と会う約束、懇親会、イベント、何
らかのグループと会うことについて考えている。

NO.5　ムッシュ ········ 「軍人」は年配の男性、力になってくれる友人、
父親のことを考えている。

NO.6　マダム ·········· 「軍人」は年配の女性、力になってくれる女性の
友人のことを考えている

NO.7　うれしい便り ······ 「軍人」はもっと良いコミュニケーションを取り
たいと心から望んでいる。メッセージまたは手紙
のやり取りのことを考えている。

NO.8　嘘つき ·········· 「軍人」は敵、ライバル、抜け目のない危険人物
のことを考えている。

NO.9　変化・・・・・・・・・・「軍人」は変化について、引っ越しや居場所を変えることについて考えている。

NO.10　旅・・・・・・・・・・・「軍人」は計画を変えることについて、旅行について考えている。どこか特定の目的地に憧れている。

NO.11　大金・・・・・・・・・・「軍人」は自分の経済的な安定のことを考えている。「軍人」は自分の懐具合のことをずっと考えている。「軍人」にとってお金はとても大切である。

NO.12　若い女性・・・・・・・「軍人」は娘、姉妹、または若い親戚の女性のことを考えている。若い恋人のことを考えている。

NO.13　若い男性・・・・・・・「軍人」は息子、兄弟、または若い親戚の男性のことを考えている。若い恋人のことを考えている。

NO.14　悲しい知らせ・・・・悲しい思い、悪い知らせへの恐れ、ネガティブな考えを抱いている。

NO.15　愛の実り・・・・・・・「軍人」は成功について、自分の恋愛や性生活について考えている。

NO.16　心のうち・・・・・・・「軍人」はよく考えているところである。いろいろあって落ち着かない。

NO.17　贈り物・・・・・・・・・「軍人」は贈り物について、うれしい訪問について考えている。

NO.18　子ども・・・・・・・・・「軍人」は新たな始まりについて考えている。無邪気な考え、ナイーブな考え、何か新しい計画、赤ちゃんのことを考えている。

NO.19　弔い・・・・・・・・・・「軍人」は終わり、別れを考えている。葬儀のことを考えている。

NO.20　家・・・・・・・・・・・「軍人」は不動産、何かを建てることを考えている。

NO.21　リビング・・・・・・・「軍人」は自分のプライベートな生活、家の周辺で起こっていることを考えている。

NO.23　法廷・・・・・・・・・・「軍人」は 法的な問題、重要な決断について、期限のことを考えている。

NO.24　盗み・・・・・・・・・・・・「軍人」はなくしたもののことを考えている。損失を振り返っている。「軍人」は何かを持ち去ろうと思っている。

NO.25　名誉・・・・・・・・・・・「軍人」は勉強や研究について考えている。彼は頭が良く、自分に才能や能力があると知っている。

NO.26　幸運・・・・・・・・・・・「軍人」は自分の運、自分に開かれているさまざまな扉のことを考えている。

NO.27　予期せぬお金・・・・・「軍人」は契約、儲けの多い取引のことを考えている。今の自分の財政状況への不安感かもしれない。

NO.28　期待・・・・・・・・・・・「軍人」は中年の女性を思い浮かべている。または自分のゴールや動機、ものごとの今後について考えている。

NO.29　牢獄・・・・・・・・・・・「軍人」は孤独な自分について考えており、自由を夢見ている。

NO.30　法律・・・・・・・・・・・「軍人」弁護士の助けを借りること、法的に争うことについて考えている。

NO.31　不調・・・・・・・・・・・「軍人」は自分の体調があまり優れないことについて考えている。不眠。「軍人」は前向きになり元気を出すべき状況にいる。

NO.32　悲痛・・・・・・・・・・・「軍人」はこれから先が大変だと思っている。問題や困難が山積している。鬱、場合によっては中毒に直面している。

NO.33　邪心・・・・・・・・・・・ネガティブな気分。「軍人」は恐れに囚われている。大げさに騒ぎ立てている。後ろ向きに考えている。

NO.34　多忙・・・・・・・・・・・仕事のことで頭がいっぱいである。「軍人」は頭を使って論理的に考える仕事をしている。

NO.35　遠路・・・・・・・・・・・遠く離れた目的地のことを考えている。「軍人」はものごとを事前に計画する。

NO.36　希望、大海・・・・・・「軍人」は異文化に心を奪われている。地に足を

着けて現実的に考える必要がある。

下側にあるカードとのコンビネーションの意味=**実現していること**

NO.1　主役（男性）‥‥‥‥「軍人」にはパートナー、彼にとって大切な人が
いる。

NO.2　主役（女性）‥‥‥‥「軍人」にはパートナー、配偶者、彼女にとって
大切な人がいる。

NO.3　結婚‥‥‥‥‥‥‥「軍人」は幸せな結婚をしている。真剣な交際相
手やパートナーがいる。ポジティブな取引や契約
を成立させた。

NO.4　出会い‥‥‥‥‥‥「軍人」はとても社交的な人で、たくさんのイベ
ント、集まり、懇親会に出ている。

NO.5　ムッシュ‥‥‥‥‥「軍人」は良い人で、友人を支え、良き父親である。

NO.6　マダム‥‥‥‥‥‥「軍人」は良い人で、友人を支える。

NO.7　うれしい便り‥‥‥「軍人」は人柄が良く、人とよくコミュニケー
ションを取り、良いニュースをもたらすことが
多い。

NO.8　嘘つき‥‥‥‥‥‥「軍人」がうまくいかないのは本人のせいかもし
れない。向き合うべき相手は自分自身や自分の
悪賢い性格である。自分の態度を改める必要が
ある。

NO.9　変化‥‥‥‥‥‥‥「軍人」は変わった。ひととおりのことを経験し、
居場所が変わった可能性がある。

NO.10　旅‥‥‥‥‥‥‥「軍人」は仕事の関係で移動が多いのかもしれな
い。交通整理をしているかもしれない。

NO.11　大金‥‥‥‥‥‥「軍人」は経済的な安定を手にした。自分で予算
を管理している。

NO.12　若い女性‥‥‥‥「軍人」は娘、姉妹、または親戚の若い女性と親
しい。彼女はわがままな子どものようである。

NO.13　若い男性‥‥‥‥「軍人」は息子、兄弟または親戚の若い男性と親

しい。彼はわがままな子どものようである。

NO.14　悲しい知らせ ‥‥‥「軍人」は性格が悪く、あらゆることに文句を言い、悪い知らせをもたらすことが多い。

NO.15　愛の実り ‥‥‥‥「軍人」は 誠実なパートナーで、ブレることがなく、人間関係を大切にする。100%信頼できる。

NO.16　心のうち ‥‥‥‥「軍人」は前もって計画するというより行動型の人。 論理派というより実践派。

NO.17　贈り物 ‥‥‥‥‥「軍人」贈るのも贈られるのも大好きで、意外な人、天からの贈り物のような人である。

NO.18　子ども ‥‥‥‥‥「軍人」は新たな始まりを遂げた。もうすぐ父親になる。または幼い人柄の人かもしれない。

NO.19　弔い‥‥‥‥‥‥‥「軍人」は終わり、別れ、死を身近に経験した。

NO.20　家 ‥‥‥‥‥‥‥「軍人」は家などの資産を持っている。一緒にいて和む人。家族思い。家族の価値観を大切にしている。

NO.21　リビング ‥‥‥‥「軍人」は 自分のことを明かさない人。プライバシーを大切にし、限られた人としか親しくしない。家庭への思い入れがとても強い。

NO.23　法廷‥‥‥‥‥‥「軍人」は高潔で、信念や主義がある。常に期限を大切にする。

NO.24　盗み‥‥‥‥‥‥「軍人」は堕落している。欲しいものを人から盗んだり、奪ったりする傾向がある。

NO.25　名誉‥‥‥‥‥‥「軍人」は人から認められており、評判が良く、指導者として尊敬されている。

NO.26　幸運‥‥‥‥‥‥「軍人」は幸運の持ち主である。自分の運の良さをわかっており、あらゆる試みに運の良さを活かしている。

NO.27　予期せぬお金 ‥‥「軍人」は契約をうまく運ぶことができ、収入が増え続ける。

NO.28　期待‥‥‥‥‥‥「軍人」の長所は粘り強さである。いつもアンテナを立て、この先何があるかに注意を払っている。

NO.29　**牢獄**・・・・・・・・・・・「軍人」はひとりぼっちである。うまくいかない
　　　　　　　　　　　　のは本人のせいかもしれない。

NO.30　**法律**・・・・・・・・・・「軍人」は助言や忠告に関心があり、知恵をし
　　　　　　　　　　　　ぼって平穏や幸せを取り戻そうとする。

NO.31　**不調**・・・・・・・・・・「軍人」はよく眠れず、健康ではない。性生活を
　　　　　　　　　　　　営めないのかもしれない。

NO.32　**悲痛**・・・・・・・・・・「軍人」は鬱気味で、何かの中毒である。

NO.33　**邪心**・・・・・・・・・・「コップに水が半分しか入っていない」という悲
　　　　　　　　　　　　観的な見方をする。うじうじ考えて悩み続けるの
　　　　　　　　　　　　が好きである。

NO.34　**多忙**・・・・・・・・・・よく働き、やる気にあふれ、自制心を持った、志
　　　　　　　　　　　　のある人。

NO.35　**遠路**・・・・・・・・・・「軍人」は辛抱強く待ち、完璧なタイミングで行
　　　　　　　　　　　　動を起こす人である。

NO.36　**希望、大海**・・・・・・・「軍人」は生まれ持った才能がある。サイキック
　　　　　　　　　　　　能力やある種の芸術的才能かもしれない。

全霊で自らを律しない。

――ルーミー

23

法廷

THE COURT

Keywords

事務手続き、法律上の決定、
訴訟、裁判、正義、評決

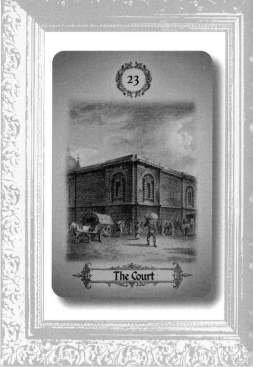

The Court

「法廷」のカードは、22「軍人」と同じようにネ
ガティブなカードのひとつとされています。キッ
パー・カードが生み出された時代の人々は、法律は
不公平で自分たちに不利なものだと思っていたた
め、裁判に関わることをとても恐れていました。

　けれども私自身は「法廷」は中立的なカードだと
考えています。私のリーディングでは、このカード
は法的な手順や事務手続きに関することを指し示し
たり、法と秩序に関係のある公共施設の建物を表し
たりします。他のカードとの組み合わせから意味が
さらに明確になります。

マントラ:
私の選択はいつも正し
い

影響: 中立的からネガ
ティブ

向き: なし

ひとことで言うと:
ノーからどちらとも言え
ないまで

分野: 終わりと移行

「法廷」のカードとのコンビネーションの意味

NO.1　主役（男性）······相談者の男性は法的な問題に対処している。事務
手続きの最中である。決定を待っている。

NO.2　主役（女性）······相談者の女性は法的な問題に対処している。事務
手続きの最中である。決定を待っている。

NO.3　結婚··········離婚による決定的な別離。結婚生活の終わり。不
幸な結婚。終わっている関係。

NO.4　出会い········公判の日。裁判の証人。交渉。重要な決定。

NO.5　ムッシュ·······「ムッシュ」は法的な問題に対処している。事務
手続きの最中である。決定を待っている。

NO.6　マダム········「マダム」は法的な問題に対処している。事務手
続きの最中である。決定を待っている。

NO.7　うれしい便り·····ポジティブな決定。希望のある評決。重要な書
類。法的な通知。

NO.8　嘘つき·········不公正な評決。誤った決定。人をひどく操作する
困った人。ズルと嘘。

NO.9　変化··········延期された公判の日。深刻な変化。決定が変わる。

NO.10　旅 ·········「法廷」に行く。ビザ、グリーンカード、または
車に関する書類を申請する。法令違反。

NO.11　大金········相続。遺産。法的に必要な出費。税務署。銀行。

NO.12　若い女性·······「若い女性」は法的な問題に対処している。事務
手続きの最中である。決定を待っている。

NO.13　若い男性·······「若い男性」は法的な問題に対処している。事務
手続きの最中である。決定を待っている。

NO.14　悲しい知らせ·····希望が持てない評決。誤った決定。決定が悲しみ
と涙をもたらす。

NO.15　愛の実り·······成功の手順。希望のある評決。関係を正式なもの
にする。

NO.16　心のうち·······正義に関する問題について心配している。決定に
ついて深く考えている。決定を下す局面。

NO.17　贈り物・・・・・・・・・・相続。寄付。驚くような決定。法的な知らせを届
けPDる訪問者。

NO.18　子ども・・・・・・・・・新たな決定。新たな評決。家族裁判所。後見人制
度。子どもの親権。

NO.19　弔い・・・・・・・・・・・相続。寄付。裁判の終わり。法的な事柄の終結。

NO.20　家・・・・・・・・・・・・不動産などの資産の権利。土地の登記。不動産な
どの資産に関する評決。

NO.21　リビング・・・・・・・不動産などの資産の権利。離婚。マンションに関
する評決。

NO.22　軍人・・・・・・・・・・警察官。宣誓した人。最終的な評決。正義の勝
利。正式に決まる。

NO.24　盗み・・・・・・・・・・秘密の評決。詐欺。堕落した裁判所。正義の下に
置かれた泥棒。

NO.25　名誉・・・・・・・・・・公共サービス。法学部。裁判で勝訴する。

NO.26　幸運・・・・・・・・・・公正な決定。喜ばしい評決。幸せな結果。ハッ
ピーエンド。

NO.27　予期せぬお金・・・・評決が暗に支払いを意味する。事務手続きに対し
て支払いをする。報酬や補償を受け取る。

NO.28　期待・・・・・・・・・・予期していた決定。予想どおりの評決。待ち望ん
でいた正義。想定どおりの判断。

NO.29　牢獄・・・・・・・・・・裁判の末に投獄される。政令。正式な評決。

NO.30　法律・・・・・・・・・・法的なアドバイス。弁護士。裁判官。あっせん役。

NO.31　不調・・・・・・・・・・裁判沙汰が健康に響く。治療または投薬について
決める。

NO.32　悲痛・・・・・・・・・・訴訟に大いに悩まされる。判決に惑わされる。未
解決の法的な問題。

NO.33　邪心・・・・・・・・・・罪悪感と不安を抱える。裁判沙汰に鬱々とする。
ネガティブな考え。胸の痛む考え。

NO.34　多忙・・・・・・・・・・裁判官。弁護士。あっせん役。当局のために働
く。法律に関わる仕事。

NO.35　遠路・・・・・・・・・・時間のかかる手続き。長期的な決断。遠い場所で
の裁判沙汰。評決にまだ時間がかかる。

NO.36　希望、大海·······公正な判断を望む。決断する前に瞑想する。
　　　　　　　　　　自省。

「法廷」のカードにまつわるリーディング例

　何か具体的な質問があってグラン・タブローをするとき、私は質問を表すカードを何枚か設定します。このときは事務手続きについて知りたかったので、「法廷」のカードに自分の質問を表してもらうことに決めました。パスポートの更新手続きをしており、3週間くらいで手元に届くと係の女性からは言われていました。手続きはすべてフランスで行われて島に転送されるのですが、3週間経ってもパスポートが届きません。私は、あるワークショップにすでに申し込みを済ませていて、参加するにはどうしてもパスポートが必要でした。

　そこでグラン・タブローで、どうなっているのかを確認してみることにしました。まず「法廷」のカードがどこにあるのかを見つけ（そうすることでこのカードが私の質問を表すように設定できます）、次にカードの前後と上下に注目しました（つまり「法廷」のカードを中心にした十字の形です）。左側にある7「うれしい便り」のカードが私の申込書が受理されていることを示し、手続きが想定より長引いていることを上側の35「遠路」のカードが明らかにしています。下側に出ている22「軍人」のカードは状況に乱れはないと伝えています。右側に出ている10「旅」のカードは私のパスポートがこちらに向かっていることを知らせており、そのさらに右側に1「主役（男性）」のカードが出ているので、私が間もなく旅に出る（相談者の男性が旅をしている）とわかりました。

「遠路」

「うれしい便り」

「法廷」

「旅」

「主役（男性）」

「軍人」

盗み
THE THIEVERY

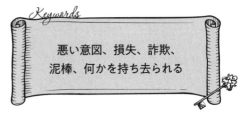

悪い意図、損失、詐欺、
泥棒、何かを持ち去られる

マントラ：
私のものはいつも私のと
ころに戻ってくる

影響：ネガティブ

向き：なし

ひとことで言うと：ノー

分野：損失と詐欺

　何かが奪われます。誠実でない誰かが何かをして
います。「盗み」は自分の周りや持ち物に気をつけ
るようにという警告を表します。失うものは物理的
な物とは限らず、友情、恋人、人間関係、またはチャ
ンスの可能性もあります。
　22「軍人」、23「法廷」、または29「牢獄」のカー
ドが近ければ近いほど、取られたものを取り返せる
可能性が高くなります。

「軍人」

「法廷」

「牢獄」

「盗み」のカードとのコンビネーションの**意味**

NO.1 主役（男性）・・・・・・相談者の男性は何かをなくした。相談者の男性が
なくしたものを取り戻した。相談者の男性が詐欺
に遭っている、または詐欺に関わっている。

NO.2 主役（女性）・・・・・・相談者の女性は何かをなくした。相談者の女性が
なくしたものを取り戻した。相談者の女性が詐欺
に遭っている、または詐欺に関わっている。

NO.3 結婚・・・・・・・・・・・偽装結婚。パートナーの一方に秘密がある。誠実
さに欠けている。どちらか一方が何らかの役割を
演じて自分を装っている。

NO.4 出会い・・・・・・・・・危険な会合や出会い、お祝いの最中に何かを盗ま
れる。

NO.5 ムッシュ・・・・・・・「ムッシュ」は何かをなくした。「ムッシュ」がな
くしたものを取り戻した。「ムッシュ」が詐欺に
遭っている、または詐欺に関わっている。

NO.6 マダム・・・・・・・・・「マダム」は何かをなくした。「マダム」がなくし
たものを取り戻した。「マダム」が詐欺に遭って
いる、または詐欺に関わっている。

NO.7 うれしい便り・・・・・なくした書類。虚偽の申し立て。ネガティブな手
紙。詐欺の手紙。クレジット・カード詐欺。

NO.8 嘘つき・・・・・・・・・危険人物。詐欺師。泥棒。悪用や虐待をする人。

逃亡者。再犯者や常習犯。

NO.9　変化 ‥‥‥‥‥‥‥‥変化が秘密にされる。居場所を変えている最中に
盗みに遭う。変化によって失うものがある。

NO.10　旅 ‥‥‥‥‥‥‥‥‥内密の旅行。旅行中に泥棒に遭うリスク。車の盗
難。詐欺師の下へ向かっている。詐欺師を車に乗
せる。

NO.11　大金 ‥‥‥‥‥‥‥‥お金が盗まれる。お金がなくなる。詐欺。

NO.12　若い女性 ‥‥‥‥‥「若い女性」の下から何かが持ち去られた、また
は誰かが連れ去られ、泥棒は逃げた。

NO.13　若い男性 ‥‥‥‥‥なくしたものが戻ってくる。泥棒が捕まる。贅沢
品が盗まれる。

NO.14　悲しい知らせ ‥‥‥負担がなくなる。辛苦が終わる。連絡がなくなる。

NO.15　愛の実り ‥‥‥‥‥秘密の恋。恋人を失う。浮気。不信。

NO.16　心のうち ‥‥‥‥‥秘密の計画。強盗の計画。不公正な意図。

NO.17　贈り物 ‥‥‥‥‥‥秘密の贈り物。なくした贈り物。誘拐のリスク。
泥棒が来る。

NO.18　子ども ‥‥‥‥‥‥なくしたものを取り戻す。泥棒が捕まる。

NO.19　弔い ‥‥‥‥‥‥‥死を秘密にしておく。盗難品を埋める。なりすま
し。決定的な損失。

NO.20　家 ‥‥‥‥‥‥‥‥‥家を失う。家族の秘密。強盗。安全でない家。家
族の中にいる泥棒。

NO.21　リビング ‥‥‥‥‥親密でなくなる。窃盗。安全でないマンション。
家族の中にいる泥棒。

NO.22　軍人 ‥‥‥‥‥‥‥堕落した役人。警察が泥棒を捕まえる。盗まれた
ものが警察に回収される。

NO.23　法廷 ‥‥‥‥‥‥‥偽造書類。行政側の不正。詐欺行為によって報酬
を得る。

NO.25　名誉 ‥‥‥‥‥‥‥疑わしい形で得た評価や名声。認められたことを
奪われる。なりすまし。

NO.26　幸運 ‥‥‥‥‥‥‥金融詐欺。背信行為によって得た財産。資金の横
領。金融スキャンダル。

NO.27　予期せぬお金 ‥‥‥想定外の問題。お金をなくす。中年の詐欺師の

女性。

NO.28　期待・・・・・・・・・・詐欺だとわかる。策略を予期している。不誠実な中年の女性が何かを企んでいる。

NO.29　牢獄・・・・・・・・・・泥棒が逮捕される。詐欺で投獄される。詐欺が発覚する。

NO.30　法律・・・・・・・・・・法的な文書がなくなる。法的なアドバイスを求める。詐欺に関わっている弁護士。泥棒を担当している弁護士。

NO.31　不調・・・・・・・・・・回復。症状が消える。鎮静。痛みがなくなる。

NO.32　悲痛・・・・・・・・・・未解決の問題。失ったものがさらに悲しみをもたらす。秘密が大きな悲しみを引き起こす。

NO.33　邪心・・・・・・・・・・不当だと感じる。秘密への恐怖心。抑圧。脅し。

NO.34　多忙・・・・・・・・・・失業する。仕事先の泥棒。仕事先での秘密。こっそり働く。覆面捜査官。

NO.35　遠路・・・・・・・・・・長期的な損失。距離が縮まる。別の場所から来た泥棒。

NO.36　希望、大海・・・・・・希望を失う。見当違いの希望や信頼。霊感詐欺。宗教詐欺。

 「盗み」のカードにまつわるリーディング例

　ルノルマンの23「ネズミ」のカードと同じように、キッパー・カードの24「盗み」は失うこと、何かが間違った場所に置かれたり持ち去られたりすることを意味します。相談者を表すカードの近くにあるときは、盗まれたものが戻ってくることを伝えています。キッパーとルノルマンはとても似ていますが明らかに違う点もあるので、277頁の対応表を参考にしてください。ルノルマンのリーディングに慣れている人は、キッパー・カードでも簡単にリーディングができるはずです！

名誉

HIGH HONOURS

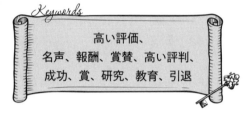

Keywords

高い評価、
名声、報酬、賞賛、高い評判、
成功、賞、研究、教育、引退

マントラ:
私は才能が認められる

影響: ポジティブ

向き: なし

ひとことで言うと:
イエス

分野: 勉強や研究、教育

「名誉」はリーディングで出てほしい好ましいカードのうちの一枚です。成功、高い評価、賞賛、良い評判を意味します。その人が自分の目標に向かってどれほど頑張ってきたかを表し、その努力が実りつつあること、そして皆がそれを認めていることを示します。もうすぐ良いことが起こります！

「名誉」のカードとのコンビネーションの**意味**

NO.1　主役（男性）······相談者の男性はうまくいっている。ついに認められ報われる時が来た。大いに成功を収める時。

NO.2　主役（女性）······相談者の女性はうまくいっている。ついに認められ報われる時が来た。大いに成功を収める時。

NO.3　結婚··········良い契約。結婚式の費用。契約が少しだけ儲かる。カップルのための少しのお金。

NO.4　出会い·········グループに見込まれるボーナス。返金。グループにとっての少しの利益。

NO.5　ムッシュ·······「ムッシュ」はうまくいっている。ついに認められ報われる時が来た。大いに成功を収める時。

NO.6　マダム·········「マダム」はうまくいっている。ついに認められ報われる時が来た。大いに成功を収める時。

NO.7　うれしい便り·····予想外の連絡。返金。金券。割引コード。

NO.8　嘘つき········抜け目のない人たちの相手をする。間違った契約。大金が届かない。

NO.9　変化·········名声や人から認められたことが変化をもたらす。変化が成功につながる。ポジティブな変化。

NO.10　旅··········うまくいっている旅行。式典に向かう旅。卒業式。報われる。または車が当たる。

NO.11　大金·········ボーナス。昇給。価値のある賞や評価。もっといい生活をする。

NO.12　若い女性·······「若い女性」はうまくいっている。ついに認められ報われる時が来た。大いに成功を収める時。

NO.13　若い男性·······「若い男性」はうまくいっている。ついに認められ報われる時が来た。大いに成功を収める時。

NO.14　悲しい知らせ·····嘘の指名。悲しい知らせを受け止める。

NO.15　愛の実り·······学校が大好き。教育愛。成功裏に完了する。ついに愛が実る。報われることの多い恋愛や性生活。

NO.16　心のうち·······発見。目的。目標としている節目やゴール。高尚

な考え。

NO.17　贈り物・・・・・・・・受賞する。学位。誰かにご褒美や報酬として贈り
物をする。報酬を払う。

NO.18　子ども・・・・・・・・存在を知られている子ども。婚外子を認知する。
うまくいっている子ども。報われている子ども。
才能のある子ども。

NO.19　弔い・・・・・・・・・・厳かな葬儀。賞の授与や受理の拒絶。報酬の滞
り。死後の栄光や名声。

NO.20　家・・・・・・・・・・・家の専門家に相談する。不動産屋。家族療法。

NO.21　リビング・・・・・・・家の専門家に相談する。不動産屋。家族療法。性
生活の専門家。

NO.22　軍人・・・・・・・・・法的なアドバイス。弁護士。裁判官。あっせん役。

NO.23　法廷・・・・・・・・・法的な文書がなくなる。法的なアドバイスを求め
る。詐欺に関与している弁護士。泥棒の弁護士。

NO.24　盗み・・・・・・・・・疑わしい形で得た評価や名声。認められたことを
奪われる。なりすまし。

NO.26　幸運・・・・・・・・・金銭的な報酬。完全な成功。うまくいく組み合わ
せ。幸せな引退。

NO.27　予期せぬお金・・・・・引退した中年の女性。儲けの多い契約。職業的な
成功。

NO.28　期待・・・・・・・・・尊敬されている中年の女性。高い期待。我慢が報
われる。うまくいっていること。

NO.29　牢獄・・・・・・・・・有名な建物。成功したために孤独に感じる。評判
の良い病院。贅沢だが自由のない金の鳥かごの中
の暮らし。

NO.30　法律・・・・・・・・・効果のある治療。成功を収めている法務アドバイ
ザー。成功を収めている専門家。

NO.31　不調・・・・・・・・・学校での問題。ストレスの多い勉強や研究。治療
法が見つかる。

NO.32　悲痛・・・・・・・・・一生懸命勉強や研究をする。努力する。中毒だと
知られている。間違った状況。成功がストレスを
生む。

NO.33 **邪心** ・・・・・・・・・成功への恐れ。報われないという気持ち。後ろ向
　　　　　　　　　　　きな考え方。

NO.34 **多忙** ・・・・・・・・・高い地位。教師。専門家。キャリアの頂点に達
　　　　　　　　　　　する。

NO.35 **遠路** ・・・・・・・・・長期的な成功。長い間の研究。海外での勉強や研
　　　　　　　　　　　究。海外で成功する。

NO.36 **希望、大海** ・・・・・・精神面の教育。高い直感力。願いや希望が叶う。

この宇宙すべてが自分のものであるかのように
輝きなさい。
──ルーミー

幸運

BIG LUCK

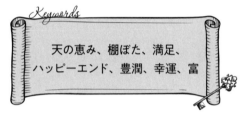

Keywords

天の恵み、棚ぼた、満足、
ハッピーエンド、豊潤、幸運、富

マントラ:
私は当たり前のように成
功や達成を収める

影響: ポジティブ

向き: なし

ひとことで言うと:
イエス

分野: 天の恵み

　リーディングに一番出てほしい最高のカードです！「幸運」のカードはすべてが良い状況であること、ものごとが良くなっていること、幸運の女神が豊潤の象徴であるコルヌコピアからあなたに豊かさを注いでいることを表します。「幸運」は周りに出ているカードをポジティブさで満たし、ネガティブなエネルギーを追い払います。

「幸運」のカードとのコンビネーションの**意味**

NO.1　主役（男性）‥‥‥‥相談者の男性は幸運である。思い切ってしたことが好結果を生み、大いに成功する。

NO.2　主役（女性）‥‥‥‥相談者の女性は幸運である思い切ってしたことが好結果を生み、大いに成功する。

NO.3　結婚‥‥‥‥‥‥‥うまくいっているカップル。幸運な結びつき。天の恵みを受けている結婚。ハッピーエンド。

NO.4　出会い‥‥‥‥‥‥幸運な出会い。ハッピーな会。良い仲間がいる。天が祝福している式典。

NO.5　ムッシュ‥‥‥‥‥「ムッシュ」は幸運である。思い切ってしたことが好結果を生み、大いに成功する。

NO.6　マダム‥‥‥‥‥‥「マダム」はうまくいっている。ついに認められ報われる時が来た。成功を収める時。

NO.7　うれしい便り‥‥‥巨額の財産を約束するメッセージ。ものごとのポジティブな展開。桁外れに素晴らしい知らせ。重要な文書。

NO.8　嘘つき‥‥‥‥‥‥天の恵みを装っている。妬みや操られることに対する防御。インチキな人たちが追い払われる。

NO.9　変化‥‥‥‥‥‥‥ラッキーな変化。ハッピーな展開。ハッピーな結末。天の恵みを受けた変化。降臨。突然の悟り。とてもポジティブ。

NO.10　旅‥‥‥‥‥‥‥‥素晴らしい車。天の恵みを受けた旅路。幸運な旅。

NO.11　大金‥‥‥‥‥‥‥富。財産。繁栄。財政的に恵まれている。お金と仲が良い。

NO.12　若い女性‥‥‥‥‥「若い女性」は幸運である。思い切ってしたことが好結果を生み、大いに成功する。

NO.13　若い男性‥‥‥‥‥「若い男性」は幸運である。思い切ってしたことが好結果を生み、大いに成功する。

NO.14　悲しい知らせ‥‥‥‥悲しい状況の中で丁寧な対応を受ける。ネガティブなことをポジティブなことに変える。涙をふく

―― ものごとが良くなっていく。

NO.15　**愛の実り** ‥‥‥‥中年の恋人。予想どおりのパートナー。想定どおりの宣言。期待どおりの恋愛。

NO.16　**心のうち** ‥‥‥‥自分自身が持っている期待。自分の計画。予想どおりのアイディア。

NO.17　**贈り物** ‥‥‥‥‥予想どおりの贈り物。中年の女性の訪問。期待して待ち望んでいたことがついにやって来る。

NO.18　**子ども** ‥‥‥‥‥相談者は何かとても欲しいもの、したいことを我慢している。隣のカードが何を期待しているかを表す。

NO.19　**弔い**‥‥‥‥‥‥天の祝福を受けた変化。ポジティブな終結。驚異の変容。天の祝福を受けた葬儀。

NO.20　**家** ‥‥‥‥‥‥とばく場。うまくいっている家族。幸運な家族。裕福な家庭。

NO.21　**リビング** ‥‥‥‥うまくいっている家族。幸運な家族。価値ある大切な親密さ。個人的な幸せ。その人自身の運。

NO.22　**軍人**‥‥‥‥‥‥自律心が功を奏する。「軍人」は幸せである。

NO.23　**法廷** ‥‥‥‥‥‥公正な決定。喜ばしい評決。幸せな結果。ハッピーエンド。

NO.24　**盗み**‥‥‥‥‥‥金融詐欺。背信行為によって得た財産。資金の横領。金融スキャンダル。

NO.25　**名誉** ‥‥‥‥‥‥金銭的な報酬。完全な成功。うまくいく組み合わせ。幸せな引退。

NO.27　**予期せぬお金** ‥‥‥金銭的な棚ぼた。想定外の収入。予想外の幸運。

NO.28　**期待** ‥‥‥‥‥‥期待していた幸せな結末。天の恵みを認識する。感謝している。

NO.29　**牢獄**‥‥‥‥‥‥自由。守られている。孤立と停滞の終わり。

NO.30　**法律**‥‥‥‥‥‥助けになるセラピストの介入。法律アドバイザー。弁護士。専門家。

NO.31　**不調**‥‥‥‥‥‥正常な健康状態に戻る。治る。

NO.32　**悲痛**‥‥‥‥‥‥解決策が見つかる。過去の課題の解決。励まし。

NO.33　**邪心**‥‥‥‥‥‥ポジティブな考え。恐れを克服する。ストレスに

NO.34　多忙・・・・・・・・・・天の恵みを受けている仕事。驚異のキャリア。幸
　　　　　　　　　　　　　運な立場。仕事が満足感をもたらす。

NO.35　遠路・・・・・・・・・長期的な成功。充足を感じる時間。もうすぐ天の
　　　　　　　　　　　　　恵みが訪れる。

NO.36　希望、大海・・・・・精神面の教育。高い直感力。長い間恵まれてい
　　　　　　　　　　　　　る。願いや希望が叶う。

「幸運」のカードにまつわる**リーディング例**

　キッパー・カードの中で「幸運」のカードが私のお気に入りであるのは認めざ
るを得ません。きっと皆さんもそうだと思います。グラン・タブローで1「主役(男
性)」や2「主役（女性）」の隣に「幸運」が出たときは、ゴタゴタは片づき解決
策が見つかると相談者に伝えます。「幸運」が遠くに出ているときは幸運や成功
に手が届かないかもしれません。もしネガティブなカードが何枚か出た後に「幸
運」のカードが出たら、幸運の星が自分に向かって輝いていると考えることがで
きるので、やがてうまく進んでいきます。けれども「幸運」の後にネガティブな
カードが何枚か出たら、それは警告です。注意してトラブルに対処しながら、天
の助けを願いましょう。繰り返しになりますが、リーディングは運命を示すもの
ではなく、相談者に力を貸すためのものです。どんな問題にも必ず解決策があり
ます。カードの力は、取るべき行動を選択するための貴重な手助けになります。

「幸運」　　　　　　　「主役（男性）」

「幸運」

「主役（女性）」

予期せぬお金
UNEXPECTED MONEY

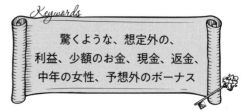

Keywords

驚くような、想定外の、
利益、少額のお金、現金、返金、
中年の女性、予想外のボーナス

マントラ:
私は、宇宙がもたらす驚くような恵みを受け取ってもよい

影響: ポジティブ

向き: なし

ひとことで言うと:
イエス

分野: お金

　これは予想外の得を予告するカードです！

　その得はたいていお金ですが11「大金」ほど大きな額ではありません。利益、ちょっとした驚き、または返金を意味するカードで、自分の金銭状態が現実的に良くなることを示しています。

　男性の相談者を示す1「主役（男性）」のカードに近ければ近いほど良い意味になり、お金が手に入るタイミングも早くなります。また「予期せぬお金」には伝統的に中年の女性という意味もあります。ただし性別はカード・リーディングでは変わりやすい要素なので、性別の断定はできません。

「予期せぬお金」のカードとのコンビネーションの意味

NO.1　主役（男性）・・・・・・思いがけない儲けを手にする。うまく交渉して結んだ契約から利益が出始める。予想外のうれしい驚き。男性の相談者への返金。

NO.2　主役（女性）・・・・・・思いがけない儲けを手にする。うまく交渉して結んだ契約から利益が出始める。予想外のうれしい驚き。女性の相談者への返金。

NO.3　結婚・・・・・・・・・・・うまくいっているカップル。幸運な結びつき。天の恵みを受けている結婚。ハッピーエンド。

NO.4　出会い・・・・・・・・・幸運な出会い。ハッピーな会。良い仲間がいること。天が祝福している式典。

NO.5　ムッシュ・・・・・・・思いがけない儲けを手にする。うまく交渉して結んだ契約から利益が出始める。予想外のうれしい驚き。「ムッシュ」への返金。

NO.6　マダム・・・・・・・・・思いがけない儲けを手にする。うまく交渉して結んだ契約から利益が出始める。予想外のうれしい驚き。「マダム」への返金。

NO.7　うれしい便り・・・・・巨額の財産を約束するメッセージ、ものごとのポジティブな展開、桁外れに素晴らしい知らせ、重要な文書。

NO.8　嘘つき・・・・・・・・・天の恵みを装っている。妬みや操られることに対する防御。インチキな人たちが追い払われる。

NO.9　変化・・・・・・・・・・・変化がお金をもたらす。思いがけない儲けを手にする。うまく交渉して結んだ契約から利益が出る。想定外のうれしい驚き。

NO.10　旅・・・・・・・・・・・旅が多少のお金をもたらす。交渉に向かう旅行や移動。思わぬハッピーな旅路。中年の女性と旅行している。

NO.11　大金・・・・・・・・・・予期せぬお金。中年の女性のためのお金。想定外の支払い。

NO.12　若い女性 ······· 思いがけない儲けを手にする。うまく交渉して結んだ契約から利益が出始める。予想外のうれしい驚き。「若い男性」への返金。

NO.13　若い男性 ······· 思いがけない儲けを手にする。うまく交渉して結んだ契約から利益が出始める。予想外のうれしい驚き。「若い女性」への返金。

NO.14　悲しい知らせ ····· 中年の女性へのネガティブな知らせ。昇給または支払いが却下される。

NO.15　愛の実り ······· 中年の恋人。予想外の恋愛。思いもよらない気持ち。

NO.16　心のうち ······· 新たな資金や供給源についてあれこれ考える。煮え切らない中年の女性。

NO.17　贈り物 ········ 予想外の贈り物。予想外の訪問者。いい買い物。

NO.18　子ども ········ 「子ども」は金銭的なサポートを受けている。驚くような子ども。予想外の贈り物。

NO.19　弔い ········· 突然の予期せぬ他界、相続、寄付。中年の女性が亡くなった。

NO.20　家 ·········· 想定外の請求書。中年の隣人。予期せぬお金。

NO.21　リビング ······· 想定外の請求書。中年の隣人。マンションまたはアパートを購入する。

NO.22　軍人 ········· 思いがけない儲けを手にする。「軍人」にとって予想外のうれしい驚き。中年の女性との関わり。

NO.23　法廷 ········· 評決が支払いを暗に意味する。事務手続きに対して支払いをする。報酬や補償を受け取る。

NO.24　盗み ········· 想定外の問題。お金をなくす。中年の詐欺師の女性。

NO.25　名誉 ········· 引退した中年の女性、儲けの多い契約。職業的な成功。

NO.26　幸運 ········· 思いがけない儲けを手にする。想定外の収入、予想外の幸運。

NO.28　期待 ········· 近いうちに結ぶことになる契約。想定外のことを想定する。中年の女性（中年の人）との出会いが2回ある。

NO.29　牢獄 ········· 打ち解けない中年の女性。利子。税金の還付。病

院の請求書。

NO.30　法律・・・・・・・・・・中年の人が関わっている「法律」上の問題。訴訟
をとおして得たもの。賠償金を受け取る。

NO.31　不調・・・・・・・・・・中年の病人。想定外の病気。

NO.32　悲痛・・・・・・・・・・財政面の大問題。未解決の財政危機。お金の受け
取りに関して誰かまたは何かに欺かれる。

NO.33　邪心・・・・・・・・・・お金が恐れを生んだ。幻滅。ストレスを抱える中
年の人。

NO.34　多忙・・・・・・・・・・昇給。ボーナス。残業。想定外の仕事。

NO.35　遠路・・・・・・・・・・海外からのお金。予想外に得たもの。もうすぐ驚
くことがある。

NO.36　希望、大海・・・・・・予想外のスピリチュアルな贈り物。財政的な利益
を望む。

「予期せぬお金」のカードにまつわるリーディング例

　コレットがセッションにやって来て、「仕事に関すること」を尋ねてきました。私は34「多忙」のカードに彼女の仕事について表すように念じました。グラン・タブローでは、こんなふうにカードに何らかの意味を込め、そのカードがどこに出るかに特に注意を払います。このときは「多忙」がグラン・タブローの「予期せぬお金」のハウス、つまり27番目のポジションに出ました（ハウスについては263頁に説明があります）。彼女がボーナスを受け取るか昇給することになるとすぐにわかったので、彼女に給与を上げるよう頼んだかどうかを質問しました。

「多忙」

彼女はにっこり笑って「はい」と答えました。この先どうなったかはご想像にお任せします。

28

期待

EXPECTATION

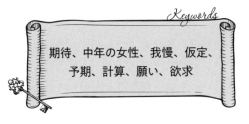

期待、中年の女性、我慢、仮定、
予期、計算、願い、欲求

　「期待」は、何かが起こるのを待つ時期であることを示します。ものごとが動きだしたり、やって来るのを我慢して待つべき時です——焦ってはいけません。周りに出ているカードとの組み合わせからどんなものを待ち望んでいるのかがわかります。新しいマンションに関する返事を待っているのか、愛の告白か、それとも契約書にサインをしたかなど、期待の内容が表れます。

マントラ：
私は、素晴らしいことが
起こると期待している

影響：中立的

向き：なし

ひとことで言うと：
どちらとも言えない

分野：願望や欲求

「期待」のカードとのコンビネーションの意味

NO.1 主役（男性）・・・・・・相談者は何かとても欲しいもの、したいことを我慢している。隣のカードが何を期待しているかを表す。

NO.2 主役（女性）・・・・・・相談者は何かとても欲しいもの、したいことを我慢している。隣のカードが何を期待しているかを表す。

NO.3 結婚・・・・・・・・・・想定している提携。想定している契約。我慢強いカップル。

NO.4 出会い・・・・・・・・・会、集まり、パーティーがあると期待している。

NO.5 ムッシュ・・・・・・・・「ムッシュ」は何かとても欲しいもの、したいことを我慢している。隣のカードが何を期待しているかを表す。

NO.6 マダム・・・・・・・・・「マダム」は何かとても欲しいもの、したいことを我慢している。隣のカードが何を期待しているかを表す。

NO.7 うれしい便り・・・・・中年の女性からのメッセージ。来るはずの電話、手紙、メッセージ。

NO.8 嘘つき・・・・・・・・・敵が何かを期待している。誰かが遠くから見ている。ネガティブな期待。間違った期待。

NO.9 変化・・・・・・・・・・期待どおりの変化。辛抱強く変化を待っている。動きを待っている。想定される居場所の変化。

NO.10 旅・・・・・・・・・期待している旅行。出発が待たれる。中年の女性と旅行している。

NO.11 大金・・・・・・・・・大金が期待されている。中年のお金持ちの女性。

NO.12 若い女性・・・・・・「若い女性」は何かとても欲しいもの、したいことを我慢している。隣のカードが何を期待しているかを表す。

NO.13 若い男性・・・・・・・「若い男性」は何かとても欲しいもの、したいことを我慢している。隣のカードが何を期待してい

るかを表す。

NO.14　悲しい知らせ ‥‥‥ 満たされない期待。中年の女性にとっての悲しい知らせ。ものごとが想定したように展開しなかった。

NO.15　愛の実り ‥‥‥‥ 中年の恋人、予想外の恋愛、思いもよらない気持ち。

NO.16　心のうち ‥‥‥‥ 新たな資金や供給源についてあれこれ考える。煮え切らない中年の女性。

NO.17　贈り物 ‥‥‥‥‥ 予想外の贈り物。予想外の訪問者。いい買い物。

NO.18　子ども ‥‥‥‥ 「子ども」は金銭的なサポートを受けている。驚くような子ども。予想外の贈り物。

NO.19　弔い‥‥‥‥‥‥ 予想どおりの死。予想どおりの終わり。待ちに待った別離。終わりを予想している。

NO.20　家 ‥‥‥‥‥‥ 家族の間の想定。家の期待。家族の期待。

NO.21　リビング ‥‥‥‥ 家族の間の想定。家の期待。家族の期待。

NO.22　軍人‥‥‥‥‥‥ 「軍人」は何かとても欲しいもの、したいことを我慢している。隣のカードが何を期待しているかを表す。

NO.23　法廷‥‥‥‥‥‥ 予期していた決定。予想どおりの評決。待ち望んでいた正義。想定どおりの判断。

NO.24　盗み‥‥‥‥‥‥ 想定外の問題。お金をなくす。中年の詐欺師の女性。

NO.25　名誉‥‥‥‥‥‥ 尊敬されている中年の女性。高い期待。我慢が報われる。うまくいっていること。

NO.26　幸運‥‥‥‥‥‥ 期待していた幸せな結末。天の恵みを認識する。感謝している。

NO.27　予期せぬお金 ‥‥‥ 詐欺だとわかる。策略があると予期している。不誠実な中年の女性が何かを企んでいる。

NO.29　牢獄‥‥‥‥‥‥ 打ち解けない中年の女性。孤立した人。想定された滞り。想定どおりの足踏み状態。

NO.30　法律‥‥‥‥‥‥ 予想していた法律上の問題。中年の人が絡んでいる。知ったかぶりをする人。

NO.31　不調‥‥‥‥‥‥ 回復するはずという期待。仮病を疑う。中年の病人。

NO.32　悲痛‥‥‥‥‥‥ 最悪を予期している。期待したために悲しむ。期待を裏切られる。強迫観念に駆られた言動。

NO.33　**邪心**‥‥‥‥‥‥　最悪を予期している。隠れた期待。密やかな期
　　　　　　　　　　　　　待。ネガティブな考え。

NO.34　**多忙**‥‥‥‥‥‥　仕事があることを期待している。キャリアを積む
　　　　　　　　　　　　　チャンス。仕事にからむ我慢。

NO.35　**遠路**‥‥‥‥‥‥　極めて我慢強い。ものごとを事前に計画する。
　　　　　　　　　　　　　前々からずっと期待していること。

NO.36　**希望、大海**‥‥‥‥　洞察力のある人。透視能力を持った人。ものごと
　　　　　　　　　　　　　を見通す才のある人。わかっている人。

我慢とはじっと待つことではない。
それは先を見通すこと。
トゲを見てバラを思い、
夜にあって昼を思うことである。
――ルーミー

29
牢獄
THE PRISON

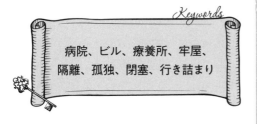

病院、ビル、療養所、牢屋、
隔離、孤独、閉塞、行き詰まり

　「牢獄」のカードは高くそびえたつ建物を象徴し、
捕らわれの身、投獄、隔離、閉塞に関係があります。
相談者のカードの近くにこのカードが出ているとき
は、ものごとが停滞する時期であること、動きが制
約され忍耐が必要であることを示しています。逆に
24「盗み」の隣に「牢獄」が出ているときは、善が
悪に勝利し、世の中の正義が通ることを表します。

マントラ：
私は自由に自分の人生
を生きる

影響： ネガティブ

向き： なし

ひとことで言うと： ノー

分野： 願望や欲求

「盗み」

＋

「牢獄」

「牢獄」のカードとのコンビネーションの意味

NO.1　主役（男性）・・・・・相談者の男性は自由に行動できない。孤独。収容。更生施設の中。足踏み状態。停滞。

NO.2　主役（女性）・・・・・相談者の女性は自由に行動できない。孤独。収容。更生施設の中。足踏み状態。停滞。

NO.3　結婚・・・・・・・・・結婚に縛られている。隔離されているカップル。

NO.4　出会い・・・・・・・・グループに縛られている。制約のある人の輪。

NO.5　ムッシュ・・・・・・・「ムッシュ」は自由に行動できない。孤独。収容。更生施設の中。足踏み状態。停滞。

NO.6　マダム・・・・・・・・「マダム」は自由に行動できない。孤独。収容。更生施設の中。足踏み状態。停滞。

NO.7　うれしい便り・・・・・法律で禁止されている。ブロックされたメッセージ。保護命令の通知。

NO.8　嘘つき・・・・・・・・敵が閉じ込められている。裏切り者が罰せられている。「嘘つき」はひとりぼっちである。

NO.9　変化・・・・・・・・・何の変化も起こらない。新しい刑務所への移送。変化が妨げられている。

NO.10　旅・・・・・・・・・刑務所に向かう旅。投獄や監禁に向かう道のり。

NO.11　大金・・・・・・・・・脱税。お金の流れが滞っている。病院または療養所の費用がかさむ。

NO.12　若い女性・・・・・・・「若い女性」は自由に行動できない。孤独である、隔離されている、更生施設にいる、足踏み状態にある、停滞している。病院での治療。

NO.13　若い男性・・・・・・・「若い男性」は自由に行動できない。孤独である、隔離されている、更生施設にいる、足踏み状態にある、停滞している。病院での治療。

NO.14　悲しい知らせ・・・・刑務所または病院からの悲しいメッセージ。悲しい知らせが秘密にされる。

NO.15　愛の実り・・・・・・・禁じられた恋。危険な関係。関係に縛られている。

NO.16　心のうち・・・・・・・妨害されている計画。暴動を計画する。停滞。足

踏み状態。

NO.17　贈り物 ・・・・・・・・・・ 贈り物が届かない。刑務所または病院を訪問する。贈り物が離れたところに置かれたままになっている。

NO.18　子ども ・・・・・・・・ 小児病院。児童養護施設。進展を妨げられている変化。貧しさに苦しんでいる子ども、孤独な子ども。

NO.19　弔い ・・・・・・・・・ 解放される。退院。病院で亡くなる。進展を妨げられている変化。

NO.20　家 ・・・・・・・・・・ 療養所。宿泊施設。休憩施設。ホスピス。ケア・センター。家に閉じ込められている。

NO.21　リビング ・・・・・・・ ビル。マンションの一角。留置所。専門病院。

NO.22　軍人・・・・・・・・・ 病院で働く人。看守。警察官。

NO.23　法廷・・・・・・・・・ 裁判の末に投獄される。政令。正式な評決。

NO.24　盗み・・・・・・・・・ 泥棒が逮捕される。詐欺で投獄される。詐欺が発覚する。

NO.25　名誉・・・・・・・・・ 有名な建物。成功したために孤独に感じる。評判の良い病院。贅沢だが自由のない金の鳥かごの中の暮らし。

NO.26　幸運・・・・・・・・・・ 自由。守られている。孤立と停滞の終わり。

NO.27　予期せぬお金 ・・・・ 打ち解けない中年の女性。銀行の利子。税金の還付。病院の請求書。

NO.28　期待・・・・・・・・・ 打ち解けない中年の女性。孤立した人。想定された滞り。想定どおりの足踏み状態。

NO.30　法律・・・・・・・・・ 国選弁護人。弁護士と会う。専門家のアドバイスを求める。重大な訴訟。

NO.31　不調・・・・・・・・・ 入院が必要な病気。病院。病後の療養所。隔離が必要な病状または感染症。

NO.32　悲痛・・・・・・・・・ 未解決の裁判事件。中毒。鬱。ストレスの多い状況。捕らわれの身のように感じる。

NO.33　邪心・・・・・・・・・ 最悪を予期している。根深い恐れ。暗い時期。鬱。自分が招いた状況。

NO.34　多忙・・・・・・・・・ 保健や医療関係の労働者。介護職。強制的な活

動。刑務所での更生活動としての労働。規制された活動。

NO.35　**遠路**・・・・・・・・・・捕らわれの身がまだ続く。長い間の孤独。隔離された場所。

NO.36　**希望、大海**・・・・・・修道院。日常から離れて自分を見つめる場所。クリエイティブな才能の芽を摘む。サイキック能力にフタをしている。

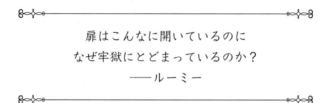

扉はこんなに開いているのに
なぜ牢獄にとどまっているのか？
——ルーミー

法律

LEGAL MATTERS

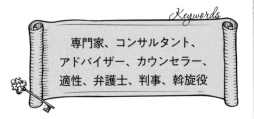

専門家、コンサルタント、
アドバイザー、カウンセラー、
適性、弁護士、判事、幹旋役

Legal Matters

「法律」は、裁判手続き、意見の対立や反対意見が法的な問題になっていること、それが引き起こす不協和音に関することを示すカードです。権威ある立場から述べられた事実を表すこともあります。また自分の状況に役立つ専門知識を持った弁護士、判事、幹旋役といったエキスパートを指すカードでもあります。このカードの周りに良いカードが出ているときは、困ったときに自分の味方になってくれる存在を暗示しています。

マントラ:
私は役に立つアドバイス
を受け入れ、賢く使う

影響: 中立的

向き: なし

ひとことで言うと:
どちらとも言えない

分野: カウンセリングや
アドバイス

「法律」のカードとのコンビネーションの意味

NO.1　主役（男性）……相談者の男性が弁護士と会う。専門的な知識や技能を求める。法的な問題に対処している。

NO.2　主役（女性）……相談者の女性が弁護士と会う。専門的な知識や技能を求める。法的な問題に対処している。

NO.3　結婚……結婚カウンセラー。カップル療法。離婚弁護士。

NO.4　出会い……グループ療法。専門家の集まり。あるグループへの苦情の申し立て。

NO.5　ムッシュ……「ムッシュ」が弁護士と会う。専門的な知識や技能を求める。法的な問題に対処している。

NO.6　マダム……「マダム」が弁護士と会う。専門的な知識や技能を求める。法的な問題に対処している。

NO.7　うれしい便り……法的な文書。弁護士からの手紙。訴訟の通知。

NO.8　嘘つき……偽弁護士。間違った専門知識。不正確なアドバイス。詐欺。

NO.9　変化……弁護士が能力を発揮して変化をもたらす。法的な問題の変化。

NO.10　旅……専門家のところに行く。車の差し押さえ。旅行または車に関する苦情。

NO.11　大金……弁護士に支払いをする。財務顧問。お金のために戦う。お金が口論を招くかもしれない。

NO.12　若い女性……「若い女性」が弁護士と会う。専門的な知識や技能を求める。法的な問題に対処している。

NO.13　若い男性……「若い男性」が弁護士と会う。専門的な知識や技能を求める。法的な問題に対処している。

NO.14　悲しい知らせ……がっかりするような法的通知，弁護士からのネガティブな知らせ。

NO.15　愛の実り……宗教指導者。教祖。恋愛の専門家。カップル・カウンセラー。

NO.16　心のうち……法的な決定。精神的な対立や抵抗。アドバイスに

ついて思案している。

NO.17　贈り物・・・・・・・・ポジティブな法的通知。司法官の訪問を受ける。相続を取り扱っている。

NO.18　子ども・・・・・・・・幼い養子。オープンな心の専門家。相続。若い専門家。

NO.19　弔い・・・・・・・・・相続または寄付。敵意がなくなる。治療が終わる。評決。最終決定。

NO.20　家・・・・・・・・・・療養所。休憩所。ホスピス。ケア・センター。自宅療養。

NO.21　リビング・・・・・・・ビル、マンションの一角。留置所。専門病院。

NO.22　軍人・・・・・・・・・病院で働く人。看守。警察官。

NO.23　法廷・・・・・・・・・裁判の末に投獄される。政令。正式な評決。

NO.24　盗み・・・・・・・・・泥棒が逮捕される。詐欺で投獄される。詐欺が発覚する。

NO.25　名誉・・・・・・・・・効果のある治療。成功を収めている法務アドバイザー。成功を収めている専門家。

NO.26　幸運・・・・・・・・・助けになるセラピストの介入。法律アドバイザー。弁護士。専門家。

NO.27　予期せぬお金・・・・金銭的な報酬。完全な成功。うまくいく組み合わせ。幸せな引退。

NO.28　期待・・・・・・・・・予想していた法律上の問題。中年の人が絡んでいる。知ったかぶりをする人。

NO.29　牢獄・・・・・・・・・国選弁護人。弁護士と会う。専門家のアドバイスを求める。重大な訴訟。

NO.31　不調・・・・・・・・・医師のアドバイスを求める。セラピストとのセッション。医師に相談する。

NO.32　悲痛・・・・・・・・・絶望的で必死の法的手続き。法律上の問題が悲しみをもたらす。絶望的な状況。

NO.33　邪心・・・・・・・・・心理療法のセッション。被害者意識。法的手続きに対するネガティブな思い。

NO.34　多忙・・・・・・・・・労働裁判所。判事。弁護士。医師。法律の専門家。

NO.35　遠路・・・・・・・・・長い法的手続き。長く続く治療。外国の専門家。

NO.36　**希望、大海**‥‥‥‥サイキック能力でリーディングをする人。セラピ
　　　　　　　　　　　　スト。ヒーラー。宗教指導者。僧。

正義、法律、牢獄

　キッパー・カードのデッキには法律や裁判に関するカードが多いため、法的手
続きや訴訟のことになると不思議な働きを見せます。

　キッパー・カードが生み出された時代の人々はバイエルン陸軍を恐れていたた
め、法律で裁かれるようなことには関わりたくないと思っていました。

　占い用のデッキが戦争の最中に作られたなら、恐らく戦争に関するカードの多
いデッキになるだろうと思います。砲撃、弾圧、投獄などの恐怖にさらされたと
き、人が何に向き合うかを深くリーディングできるかもしれません。カードの絵
柄が裁判所や大砲であったとしても、カードの意味は見た目そのものではないこ
とを覚えておいてください。カードは、前後関係にしっかり注意を払えば、物や、
意味や、属性を表すこともあるとわかります。同じカードでも、レイアウトが違
えばカードの伝えるストーリーはさまざまに異なります。

31

不調

SHORT ILLNESS

Short Illness

　このカードは「今は休みましょう」とアドバイス
しています。あれこれ心配する時ではありません。
元気になるまで少し休んで、それから考えればよい
のです。

　カードは医師に診てもらうように忠告していま
す。ストレスや心配事のせいで寝込むことになり、
思うように行動できなくなっているはずです。忠告
に耳を傾けましょう。周りにポジティブなカードが
あるなら、いずれ回復しますが、ネガティブなカー
ドしかなければ今以上に悪化する恐れがあります。

マントラ：
私は体を休ませ、癒す

影響：ネガティブ

向き：なし

ひとことで言うと：ノー

分野：健康

「不調」のカードとのコンビネーションの**意味**

NO.1　主役（男性）・・・・・・相談者の男性は体調が悪い。発熱。軽い感染症である。軽い鬱状態である。休むべきである。寝たほうがよい。

NO.2　主役（女性）・・・・・・相談者の女性は体調が悪い。発熱。軽い感染症である。軽い鬱状態である。休むべきである。寝たほうがよい。

NO.3　結婚・・・・・・・・・・・不健康。不幸なカップル。不健全な関係。劇的な状況が少しだけ続く。

NO.4　出会い・・・・・・・・・伝染病。病人の集団。

NO.5　ムッシュ・・・・・・・・「ムッシュ」は体調が悪い。発熱。軽い感染症である。軽い鬱状態である。休むべきである。寝たほうがよい。

NO.6　マダム・・・・・・・・・「マダム」は体調が悪い。発熱。軽い感染症である。軽い鬱状態である。休むべきである。寝たほうがよい。

NO.7　うれしい便り・・・・・健診結果。検査結果。健康管理に関するカタログや小冊子。何かを邪魔するコミュニケーション。

NO.8　嘘つき・・・・・・・・・・誤診。仮病。精神病。いじめに遭う。

NO.9　変化・・・・・・・・・・・病の形態が変わる。弁護士が能力を発揮して変化をもたらす。法的な問題の変化。

NO.10　旅・・・・・・・・・・・車酔い。病気になる。旅行中に気分がすぐれない。

NO.11　大金・・・・・・・・・・高額医療。お金のせいで病気になる恐れ。

NO.12　若い女性・・・・・・・「若い女性」は体調が悪い。発熱。軽い感染症である。軽い鬱状態である。休むべきである。寝たほうがよい。

NO.13　若い男性・・・・「若い男性」は体調が悪い。発熱。軽い感染症である。軽い鬱状態である。休むべきである。寝たほうがよい。

NO.14　悲しい知らせ・・・・・深刻な病気。誰かが病気だとわかる。動揺するよ

うな病気。

NO.15　愛の実り　・・・・・・・　性病。失恋。不健康な関係。心臓疾患。

NO.16　心のうち　・・・・・・・　精神病。統合失調症。被害妄想。関心の欠如や集
中力不足。

NO.17　贈り物　・・・・・・・・　治癒。病人を見舞う。子どもの頃の病気。病気の
子ども。

NO.18　子ども　・・・・・・・・　病気の子ども。遅れ。妨害。子どもの頃の病気。
体の弱い子ども。眠そうな子ども。

NO.19　弔い　・・・・・・・・・　質問しだいで、悪化する病状のこともあれば病気
の終わりを意味することもある。

NO.20　家　・・・・・・・・・・　在宅治療。家族の中の病人。家族の中のストレ
ス。遺伝的疾患。

NO.21　リビング　・・・・・・・　家族の中の病人。プライベートな生活に影響があ
る。保健室。無理やり休まされる。

NO.22　軍人・・・・・・・・・・　医師。セラピスト。医師の助言。治すには自制が
必要である。

NO.23　法廷・・・・・・・・・・　裁判が健康に影響を及ぼす。治療または投薬につ
いて決める。

NO.24　盗み・・・・・・・・・・　入院が必要な病気。病院。病後の療養所。隔離が
必要な病状または感染症。

NO.25　名誉・・・・・・・・・・　学校での問題。ストレスの多い勉強や研究。治療
法が見つかる。

NO.26　幸運・・・・・・・・・・　正常な健康状態に戻る。治る。

NO.27　予期せぬお金　・・・・　中年の病人。想定外の病気。

NO.28　期待・・・・・・・・・・　回復するはずという期待。仮病を疑う。中年の病人。

NO.29　牢獄・・・・・・・・・・　入院が必要な病気。病院。病後の療養所。隔離が
必要な病状または感染症。

NO.30　法律・・・・・・・・・・　医師のアドバイスを求める。セラピストとのセッ
ション。医師に相談する。

NO.32　悲痛・・・・・・・・・・　ひどい中毒。ひどい鬱。ストレスの多い状況。捕
らわれの身のように感じる。自分のことを自分で
できない。

NO.33　邪心・・・・・・・・・・・最悪を予期している。根深い恐れ。暗い時期。鬱。自分が招いた状況。

NO.34　多忙・・・・・・・・・・・健康業界で働いている。介護者や世話人。働けない。病欠。

NO.35　遠路・・・・・・・・・・・慢性的な状態。長期の回復。長患い。

NO.36　希望、大海・・・・・・回復の望み。体液に関する病気。代替療法。

 ## 「不調」のカードにまつわるリーディング例

　ローズは母親の体調がひどく心配で、助言を求めてやって来ました。あらかじめお断りしておきますが、サイキック・リーディングは誰かが元気かどうかの様子なら多少わかるかもしれませんが、専門家である医師の診断の代わりには決してならず、治療プランを立てるために使うべきではありません。

　さて、ローズのリーディングではグラン・タブローを使いました。私の場合、最初に引く３枚が今の状況を映しリーディング全体の基調を作るので、最初の３枚に特に注目しました。そして31「不調」＋16「心のうち」＋29「牢獄」が出ました。カードもローズの母親が病気であること、それが精神状態に関係のある病であることを確かに示していました――入院が必要なほどです。彼女の母親は自分の精神に囚われている……、私の中で「アルツハイマー」という言葉が浮かびました。

　私はそれをすべてローズに伝え、彼女もカードを見て納得しました。ローズ自身がうすうす感じていたとおりの結果だったのです。

「不調」　　　　　「心のうち」　　　　「牢獄」

　カードからのメッセージは自分の直感と合わせて受け取るようにしてください。カードから受ける印象、思い、フィーリングをしっかり受け止めましょう。それは広い意味での自分自身のサイキックな気づきの一部です。カードから受け止めたことをすべてひとつに融合すると、今までに経験したことのないような驚くほど素晴らしいリーディングになります。

悲痛

GRIEF AND SORROW

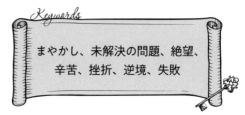

マントラ：
私はどんな挫折もすぐに
克服する

影響： ネガティブ

向き： なし

ひとことで言うと： ノー

分野： 逆境

　周りの誰かからいじわるをされるか、したくない
ことをさせられるといった圧力をかけられるかもし
れません。自分の置かれている状況がはっきりわか
らないため適切な判断ができず、不安になったりイ
ライラしたり、落ち着かない気持ちを抱え込むこと
になります。

　このカードと一緒にポジティブなカードが出てい
るなら、解決策が見つかって問題はすぐに解消でき
るでしょう。ネガティブな方向性のカードと一緒に
出ているときは、追いつめられます。その状況を乗
り越えるには、ひたむきに祈り、ポジティブに考え
るしかありません。

「悲痛」のカードとのコンビネーションの意味

NO.1　主役（男性）‥‥‥‥相談者の男性が大変な時期を過ごしている。鬱状態である。中毒が治りつつある。

NO.2　主役（女性）‥‥‥‥相談者の女性が大変な時期を過ごしている。鬱状態である。中毒が治りつつある。

NO.3　結婚‥‥‥‥‥‥‥カップルが大変な時期を過ごしている。夫婦間の未解決の問題。破綻した関係。

NO.4　出会い‥‥‥‥‥社会的な危機。ヒーリング・サークル。失敗に終わったミーティング。^(訳注12)

NO.5　ムッシュ‥‥‥‥「ムッシュ」が大変な時期を過ごしている。鬱状態である。中毒が治りつつある。

NO.6　マダム‥‥‥‥‥「マダム」が大変な時期を過ごしている。鬱状態である。中毒が治りつつある。

NO.7　うれしい便り‥‥‥悲しい知らせ。何か特定のメッセージまたは文書への恐れ。哀悼の言葉。苦しい気持ちを伝えるメッセージ。

NO.8　嘘つき‥‥‥‥‥敵に噂を流されたり嫌がらせをされて非常に苦しむ。絶望しているふり。大げさに騒ぎ立てる。

NO.9　変化‥‥‥‥‥‥変化が痛みをもたらす。変化が多くの悩みをもたらす。痛みの多い変化。

NO.10　旅‥‥‥‥‥‥‥旅が痛みをもたらす。車が数々の心配事をもたらす。つらい旅行。

NO.11　大金‥‥‥‥‥‥お金が辛苦を招く。大きな金銭問題。財政面の大きな障害。

NO.12　若い女性‥‥‥‥「若い女性」が大変な時期を過ごしている。鬱状態である。中毒が治りつつある。

NO.13　若い男性‥‥‥‥「若い男性」が大変な時期を過ごしている。鬱状態である。中毒が治りつつある。

訳注12 共通の苦しみや痛みを抱える人たち同士で、互いに胸の内を共有しながら自分を癒すことを目的とした集まり。

NO.14　悲しい知らせ ‥‥‥ 人生の危機。希望のない状況。ものごとが悪化している。

NO.15　愛の実り ‥‥‥‥ 不誠実なパートナー。悲しみ。涙。失恋。セックス中毒。

NO.16　心のうち ‥‥‥‥ 精神的な嫌がらせ。鬱。過去に持っていた考え。強迫観念。

NO.17　贈り物 ‥‥‥‥‥ 相手を騙すような贈り物。煩わしい訪問。心の痛む贈り物。心の痛む訪問。

NO.18　子ども ‥‥‥‥‥ 騙されている子ども。拒絶された子ども。虐待されている子ども。何かの中毒の子ども。

NO.19　弔い ‥‥‥‥‥‥ 絶望的な状況。辛苦から立ち直れない。大いなる欺瞞。つらい状況。

NO.20　家 ‥‥‥‥‥‥‥ 家族の歎き。中毒の家族。家族の間の軋轢。ぐらつく基盤。未解決の家族の問題。

NO.21　リビング ‥‥‥‥ 未解決の個人的な問題。堕落したプライベートな生活。プライベートな面で誰かまたは何かに欺かれる。

NO.22　軍人 ‥‥‥‥‥‥ これから先が大変である。「軍人」の目の前に問題や困難が山積している。パターン。鬱。中毒。

NO.23　法廷 ‥‥‥‥‥‥ 訴訟に大いに悩まされる。判決に惑わされる。未解決の法的な問題。

NO.24　盗み ‥‥‥‥‥‥ 未解決の問題。失ったものがさらに悲しみをもたらす。秘密が大きな悲しみを引き起こす。

NO.25　名誉 ‥‥‥‥‥‥ 一生懸命勉強や研究をする。努力する。中毒だと知られている。間違った状況。成功がストレスを生む。

NO.26　幸運 ‥‥‥‥‥‥ 解決策が見つかる。過去の課題の解決。励まし。

NO.27　予期せぬお金 ‥‥ 財政面の大問題。未解決の財政危機。お金の受け取りに関して誰かまたは何かに欺かれる。

NO.28　期待 ‥‥‥‥‥‥ 最悪を予期している。期待したために悲しむ。期待を裏切られる。強迫観念に駆られた言動。

NO.29　牢獄 ‥‥‥‥‥‥ 未解決の裁判事件。中毒。鬱。ストレスの多い状

況。捕らわれの身のように感じる。

NO.30 **法律** ·········· 絶望的で必死の法的手続き。法律上の問題が悲し
みをもたらす。絶望的な状況。

NO.31 **不調** ·········· ひどい中毒。ひどい鬱。ストレスの多い状況。捕
らわれの身のように感じる。自分のことを自分で
できない。

NO.33 **邪心** ·········· 身のすくむような辛苦。失敗への恐れ。隠れた欺
瞞。秘密にしている中毒。

NO.34 **多忙** ·········· 同僚とのトラブル。いじめ。仕事のキャリアの危
機。職場での問題。

NO.35 **遠路** ·········· 長期的な問題。根深い鬱。問題が未解決のままに
なる。

NO.36 **希望、大海** ······ 希望の喪失。宗教や精神性に関して誰かまたは何
かに欺かれる、精神的にうろたえ混乱している。

 ## 「悲痛」のカードにまつわる**リーディング例**

　このカードはダビデとゴリアテ^{（訳注13）}のようなもので、相談者には逆境に立ち向かう
手段がわずかしかありません。また自分の目指すゴールを見失わなければ、何か
を達成しようとする人を誰も止めることはできないと、思い出させてくれるカー
ドです。

　ゴール達成に役立つツールは、祈ることと自分の置かれた状況にポジティブに
向き合う姿勢です。石に刻まれた言葉のごとく永遠に変わらないものなどありま
せん。私だったら、むしろ鉛筆で書かれた程度だと考えます。そしてそれを消し
ゴムで消して、自分の体験したい結末に書き換える力が自分の中にあると信じま
す。「ポジティブに向き合う姿勢」とは、状況を否定したまま過ごすのではなく、
一歩引いた視点から状況にアプローチするという意味です。

訳注 13 旧約聖書の「サムエル記」に記されている故事の登場人物。弱小な者（ゴリアテ）が強大な者（ダビデ）を
打ち負かす喩えとしてよく使われる。

邪心

MURKY THOUGHTS

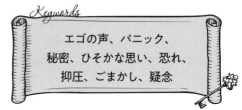

Keywords

エゴの声、パニック、
秘密、ひそかな思い、恐れ、
抑圧、ごまかし、疑念

マントラ:
私はハッピーな考え方を
選ぶ

影響: ネガティブ

向き: なし

ひとことで言うと: ノー

分野: 思いの力

　「邪心」は、動揺、恐れ、疑念を抱えた状態に関
係しています。エゴの発する声があからさまに足を
引っ張っています。単に自分の考え方や視点を変え
るだけでその状態から脱することができる、それを
選べるということを忘れないでください。

「邪心」のカードとのコンビネーションの意味

NO.1　主役（男性）・・・・・・・相談者の男性はネガティブな気分である。恐れに囚われている。大げさに騒ぎ立てている。後ろ向きに考えている。

NO.2　主役（女性）・・・・・・・相談者の女性はネガティブな気分である。恐れに囚われている。大げさに騒ぎ立てている。後ろ向きに考えている。

NO.3　結婚・・・・・・・・・・・・カップルは怖がっている。隠しごとをしている。疑っている。未解決の問題がある。

NO.4　出会い・・・・・・・・・・人と交流する機会や社会との関わりを避ける。

NO.5　ムッシュ・・・・・・・・「ムッシュ」はネガティブな気分である。恐れに囚われている。大げさに騒ぎ立てている。後ろ向きに考えている。

NO.6　マダム・・・・・・・・・「マダム」はネガティブな気分である。恐れに囚われている。大げさに騒ぎ立てている。後ろ向きに考えている。

NO.7　うれしい便り・・・・・苦しい気持ちを伝えるメッセージ。疑いやネガティブな考えが次々浮かぶメッセージ。

NO.8　嘘つき・・・・・・・・・敵に噂を流されたり嫌がらせをされて非常に苦しむ。絶望しているふり。大げさに騒ぎ立てる。誰かのせいで士気が下がる。

NO.9　変化・・・・・・・・・・・変化への恐れ。動きたくない。居場所を変えたくない。差し迫る旅立ちにふさぎ込む。

NO.10　旅・・・・・・・・・・運転するのが怖い。旅行に行きたくない。出発が近づきふさぎ込んでいる。

NO.11　大金・・・・・・・・・死の恐怖。お金に対する恐れ。お金に関するネガティブな考え。価値がないという思い。

NO.12　若い女性・・・・・・・「若い女性」はネガティブな気分である。恐れに囚われている。大げさに騒ぎ立てている。後ろ向きに考えている。

NO.13 若い男性 ········「若い男性」はネガティブな気分である。恐れに囚われている。大げさに騒ぎ立てている。後ろ向きに考えている。

NO.14 悲しい知らせ ····ネガティブなフィードバック。知らせを聞いて怖くなり落ち込む。

NO.15 愛の実り ········愛への恐れ。落胆。愛し愛されることへの恐れ。

NO.16 心のうち ········疑念や疑惑。ネガティブな考え。ごまかし。過大評価。

NO.17 贈り物 ·········求められていない訪問。疑わしい贈り物。恐ろしい面会。恐ろしい子ども。

NO.18 子ども ·········「子ども」は恐れに囚われている。何らかの役割を演じて自分を装っている。劇的な状況。

NO.19 弔い ··········不安、鬱、辛苦に圧倒されている。ネガティブな考え。胸の痛む考え。

NO.20 家 ···········不安を感じ鬱状態の家族。秘密を抱えている家族。自分の考えを人と共有しない。怖がっている家族。

NO.21 リビング ·······自分のプライベートな生活についての不安。マンションについての心配。プライベートな秘密。

NO.22 軍人 ··········「コップに水が半分しか入っていない」という悲観的な見方をする。うじうじ考えて悩み続けるのが好きである。

NO.23 法廷 ··········罪悪感と不安を抱える。裁判沙汰に鬱々とする。ネガティブな考え。胸の痛む考え。

NO.24 盗み ··········不当だと感じる。秘密への恐怖心。抑圧。脅し。

NO.25 名誉 ··········成功への恐れ。報われないという気持ち。ネガティブな考え方。

NO.26 幸運 ··········ポジティブな考え。恐れを克服する。ストレスに対処できる。

NO.27 予期せぬお金 ····お金が恐れを生んだ。幻滅。ストレスを抱える中年の人。

NO.28 期待 ··········最悪を予期している。隠れた期待。密やかな期

待。ネガティブな考え。

NO.29　牢獄 ・・・・・・・・・・・・最悪を予期している。根深い恐れ。暗い時期。
　　　　　　　　　　　　鬱。自分が招いた状況。

NO.30　法律 ・・・・・・・・・・・・心理療法のセッション。被害者意識。法的手続き
　　　　　　　　　　　　に対するネガティブな思い。

NO.31　不調 ・・・・・・・・・・・・最悪を予期している。根深い恐れ。暗い時期。
　　　　　　　　　　　　鬱。自分が招いた状況。

NO.32　悲痛 ・・・・・・・・・・・・身のすくむような辛苦。失敗への恐れ。隠れた欺
　　　　　　　　　　　　瞞。秘密にしている中毒。

NO.34　多忙 ・・・・・・・・・・・・同僚とのトラブル。いじめ。仕事のキャリアの危
　　　　　　　　　　　　機。職場での問題。

NO.35　遠路 ・・・・・・・・・・・・長期的な問題。根深い鬱。問題が未解決のままに
　　　　　　　　　　　　なる。パターン。二極性。

NO.36　希望、大海 ・・・・・・希望の喪失。宗教や精神性に関して誰かまたは何
　　　　　　　　　　　　かに欺かれる、精神的にうろたえ混乱している。

自分が何者かをわかっているか。
人は神の綴った手紙である。
神聖な顔を映し出す鏡である。
この世は自分の外側にあるのではない。
自分の内側を見よ、欲することはすべて、
すでに自分として存在しているのだから。

——ルーミー

多忙
OCCUPATION

Keywords

仕事、キャリア、激務、
勤勉、すぐにでも行動できる、
実現させる

マントラ：
私は自分の仕事が大好
きだ

影響：中立的

向き：なし

ひとことで言うと：
どちらとも言えない

分野：仕事やキャリア

　「多忙」のカードは、生活のために日常的に行っていることを表します。何をしていて忙しいのか——自分が情熱を傾けていること、真剣に取り組んでいる趣味を指していることもあります。

　いつもそうですが、周りにあるカードを見るとさらに意味がはっきりします。ポジティブなカードなら恵まれた仕事環境を、ネガティブなカードなら緊迫した厳しい環境を表します。

「多忙」のカードとのコンビネーションの意味

NO.1　主役（男性）・・・・・・よく働き、やる気にあふれた、大志のある「主役（男性）」。仕事の依頼や採用通知。

NO.2　主役（女性）・・・・・・よく働き、やる気にあふれた、大志のある「主役（女性）」。仕事の依頼や採用通知。

NO.3　結婚・・・・・・・・・・・・・カップルが一緒に働いている。ビジネス上の取引。事業の提携。

NO.4　出会い・・・・・・・・・仕事と結婚している。仕事の場で恋人ができる。

NO.5　ムッシュ・・・・・・・・よく働き、やる気にあふれた、大志のある「ムッシュ」。仕事の依頼や採用通知。

NO.6　マダム・・・・・・・・・・よく働き、やる気にあふれた、大志のある「マダム」。仕事の依頼や採用通知。

NO.7　うれしい便り・・・・・仕事に関する文書。著述家。詩人。ブロガー。執筆活動を通して自己表現する人。

NO.8　嘘つき・・・・・・・・・・職場の裏切り者。仕事の場で人を操ろうとする。不誠実な同僚。

NO.9　変化・・・・・・・・・・・・・移動に関わる仕事。転職。職場の上司や同僚に関して起こる変化。

NO.10　旅・・・・・・・・・・・・移動の伴う仕事。車通勤。車のセールスパーソン。旅行業界で働く。

NO.11　大金・・・・・・・・・・・働いて得るお金。昇給。良い給与。お金を扱う仕事。投資家。

NO.12　若い女性・・・・・・・よく働き、やる気にあふれた、大志のある「若い女性」。仕事の依頼や採用通知。

NO.13　若い男性・・・・・・・よく働き、やる気にあふれた、大志のある「若い女性」。仕事の依頼や採用通知。銀行家。

NO.14　悲しい知らせ・・・・職場からの悲しい知らせ。不健康な仕事環境。断りの連絡を受け取る。

NO.15　愛の実り・・・・・・・仕事愛。大好きなことをする。成功を収めているキャリア。義務への忠誠。

NO.16　心のうち ・・・・・・・・仕事の計画。キャリア・プラン。仕事への没頭。
　　　　　　　　　　　　　心理学者や精神分析医。

NO.17　贈り物 ・・・・・・・・・乳母。子どもと一緒に働く。花屋。おもちゃ屋。
　　　　　　　　　　　　　ギフト・ショップ。

NO.18　子ども ・・・・・・・・子どもと一緒に働く。よく働く子ども。ちょっと
　　　　　　　　　　　　　した仕事。教師。世話人や介護者。

NO.19　弔い ・・・・・・・・・・引退。キャリアの再転換。クビになる。雇用契約
　　　　　　　　　　　　　の終了。斎場で働く。

NO.20　家 ・・・・・・・・・・・ホーム・オフィス。自宅で仕事をする、フリーラン
　　　　　　　　　　　　　ス。安全な仕事。家族と一緒に働く。

NO.21　リビング ・・・・・・・ホーム・オフィス。自宅で仕事をする。フリーラン
　　　　　　　　　　　　　ス。家事。家族と一緒に仕事をする。

NO.22　軍人・・・・・・・・・・・よく働き、やる気にあふれ、自制心を持った、志
　　　　　　　　　　　　　のある人。

NO.23　法廷・・・・・・・・・・・裁判官。弁護士。あっせん役。当局のために働
　　　　　　　　　　　　　く。法律に関わる仕事。

NO.24　盗み・・・・・・・・・・・失業する。仕事先の泥棒。仕事先での秘密。こっ
　　　　　　　　　　　　　そり働く。覆面捜査官。

NO.25　名誉・・・・・・・・・・・高い地位。教師。専門家。キャリアの頂点に達する。

NO.26　幸運・・・・・・・・・・・天の恵みを受けている仕事。驚異のキャリア。幸
　　　　　　　　　　　　　運な立場。仕事が満足感をもたらす。

NO.27　予期せぬお金 ・・・・・昇給。ボーナス。残業。想定外の仕事。

NO.28　期待・・・・・・・・・・・仕事があることを期待している。キャリアを積む
　　　　　　　　　　　　　チャンス。仕事にからむ我慢。

NO.29　牢獄・・・・・・・・・・・押しつけられた活動。監視下で働く。保健や医療
　　　　　　　　　　　　　関係の労働者。介護職。強制的な活動。刑務所で
　　　　　　　　　　　　　の更生活動としての労働。規制された活動。

NO.30　法律・・・・・・・・・・・労働裁判所。判事。弁護士。医師。法律の専門家。

NO.31　不調・・・・・・・・・・・健康業界で働いている。介護者や世話人。働けな
　　　　　　　　　　　　　い。病欠。

NO.32　悲痛・・・・・・・・・・・同僚とのトラブル。いじめ。仕事のキャリアの危
　　　　　　　　　　　　　機。職場での問題。

NO.33 **邪心**・・・・・・・・・・同僚とのトラブル。いじめ。仕事のキャリアの危機。職場での問題。

NO.35 **遠路**・・・・・・・・・・長期の仕事。違う地域や国での職。長年勤めている仕事。遠隔で仕事をする。

NO.36 **希望、大海**・・・・・・秘儀に関わる仕事をしている。サイキック。直感的。天職。芸術家。

遠路

A LONG ROAD

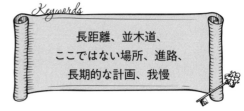

Keywords

長距離、並木道、
ここではない場所、進路、
長期的な計画、我慢

マントラ：
すべては起こるべきとき
に起こる

影響：中立的

向き：なし

ひとことで言うと：
どちらとも言えない

分野：時間

　「遠路」は長い期間をかけて起こること、遠くで起こること、場所的にも時間的にも離れていることを示します。周りのカードから方向性のヒントを得られます。ものごとが見えないところで進んでいて、それがまだ見えないため、我慢が必要だと伝えています。

「遠路」のカードとのコンビネーションの**意味**

NO.1　主役（男性）······　遠くへ行こうとしている。耐えること——相談者
の男性にとって、すぐには実現しない。

NO.2　主役（女性）······　遠くへ行こうとしている。耐えること——相談者
の女性にとって、すぐには実現しない。

NO.3　結婚··········　長距離恋愛。結婚できるまで辛抱強く待ってい
る。長期にわたる固い約束。

NO.4　出会い········　別の地域や国で行われる集まりや再会。長期にわ
たる固い約束。

NO.5　ムッシュ·······　我慢強い年配の男性。遠くから訪れる善良な
男性。

NO.6　マダム········　我慢強い年配の女性。遠くから訪れる善良な
女性。

NO.7　うれしい便り····　遠くからの手紙。我慢の求められるメッセージ。

NO.8　嘘つき········　遠くの敵。じっと待っている敵。復讐の計画。

NO.9　変化·········　遠くへの移動や移転。耐えること——すぐには実
現しない。

NO.10　旅·········　外国へ旅行する。長旅。長距離。遥か遠い場所。

NO.11　大金·········　長期投資。遠くにあるお金。手の届かないお金。

NO.12　若い女性·······　遠くへ行こうとしている。耐えること——若い女
性にとって、すぐには実現しない。

NO.13　若い男性·······　遠くへ行こうとしている。耐えること——若い男
性にとって、すぐには実現しない。

NO.14　悲しい知らせ····　不快。遠くから届く悪い知らせ。じりじり続く悲
しい状況。

NO.15　愛の実り·······　末永い幸せ。永遠の愛。長距離恋愛。いつまでも
一途。長期の幸せ。

NO.16　心のうち·······　長期的な計画。事前に考えている。長年の計画。
長期的なゴール。

NO.17　贈り物········　遠くから贈り物が届く。遠方からの訪問者。長く

続いた訪問。

NO.18　子ども ・・・・・・・・・新規プロジェクトが始まる。我慢強さを大いに発揮する。外国人の子ども。ほんの小さな一歩。

NO.19　弔い ・・・・・・・・・・じわじわ死ぬ。徐々に起こる変化。ゆっくりした動き、致命的な変化。

NO.20　家 ・・・・・・・・・・・遠くにある別荘。遠くに住んでいる家族のメンバー。家を手に入れるのに時間がかかる。

NO.21　リビング ・・・・・・・遠くにある別荘。遠くに住んでいる仲の良い家族のメンバー。マンションを手に入れるのに時間がかかる。

NO.22　軍人・・・・・・・・・・「軍人」は辛抱強く待ち、完璧なタイミングで行動を起こす人である。

NO.23　法廷・・・・・・・・・・時間のかかる手続き。長期的な決断。遠い場所での裁判沙汰。評決に時間がかかる見通し。

NO.24　盗み・・・・・・・・・・長期的な損失。距離が縮まる。別の場所から来た泥棒。

NO.25　名誉・・・・・・・・・・長期的な成功。長い間の研究。海外での勉強や研究。海外で成功する。

NO.26　幸運・・・・・・・・・・長期的な成功。充足を感じる時間。もうすぐ天の恵みが訪れる。

NO.27　予期せぬお金 ・・・・海外からのお金。予想外に得たもの。もうすぐ驚くことがある。

NO.28　期待・・・・・・・・・・極めて我慢強い。ものごとを事前に計画する。前々からずっと期待していること。

NO.29　牢獄・・・・・・・・・・捕らわれの身がまだ続く。長い間の孤独。隔離された場所。

NO.30　法律・・・・・・・・・・長い法的手続き。長く続く治療。外国の専門家。

NO.31　不調・・・・・・・・・・慢性的な状態。長期の回復。ゆっくり進行する病気。

NO.32　悲痛・・・・・・・・・・長期的な問題。根深い鬱。問題が未解決のままになる。

NO.33　邪心・・・・・・・・・・長期的な問題。根深い鬱。問題が未解決のままに

なる。パターン。二極性。

NO.34　**多忙**・・・・・・・・・・・長期の仕事。違う地域や国での職。長年勤めている仕事。遠隔で仕事をする。

NO.36　**希望、大海**・・・・・・・海外旅行。移住。精神的な旅。過去生。

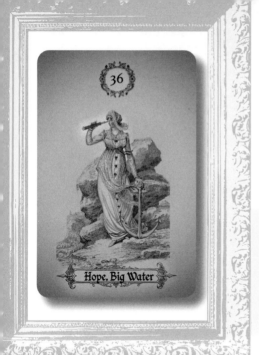

希望、大海

HOPE, BIG WATER

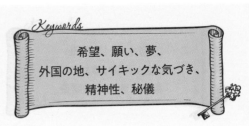

Keywords

希望、願い、夢、
外国の地、サイキックな気づき、
精神性、秘儀

マントラ：
私は自分のサイキックな
能力をオープンに受け入
れている。

影響：
中立的からポジティブ

向き：なし

ひとことで言うと：
イエス

分野：精神性

　このカードは自分が叶えたい希望、夢、願いを表
します。外国への旅行を示すこともあります。

　精神性や直感を表すカードでもあるので、私に
とってはとてもパワフルなカードです。周りのカー
ドが、どこに自分の精神力を使って自分の置かれた
状況に対処すればよいかを示してくれます。

「希望、大海」のカードとのコンビネーションの意味

NO.1　主役（男性）‥‥‥‥相談者の男性が海外に行く。渡航する。外国の地で出来事が起こる。希望に胸が膨らむ。直感力のある人。

NO.2　主役（女性）‥‥‥‥相談者の女性が海外に行く。渡航する。外国の地で出来事が起こる。希望に胸が膨らむ。直感力のある人。

NO.3　結婚‥‥‥‥‥‥‥カップルが希望を抱いている。カップルは精神性を大切にする。互いに信頼している。

NO.4　出会い‥‥‥‥‥運命の出会い。社会的な集団。読書会。サイキックに関する大会。

NO.5　ムッシュ‥‥‥‥「ムッシュ」が海外に行く。渡航する。外国の地で出来事が起こる。希望に胸が膨らむ。直感力のある人。

NO.6　マダム‥‥‥‥‥「マダム」が海外に行く。渡航する。外国の地で出来事が起こる。希望に胸が膨らむ。直感力のある人。

NO.7　うれしい便り‥‥‥希望のメッセージ。ボートやクルーズ船のチケット。外国からの手紙。

NO.8　嘘つき‥‥‥‥‥海外旅行や移住は間違っている。思い違い。誤った希望。

NO.9　変化‥‥‥‥‥‥‥変化への望み。はっきり見通せない変化。自分の信条や精神的な活動における変化。

NO.10　旅‥‥‥‥‥‥‥旅への大きな希望。クルーズ。瞑想の旅。心の旅。

NO.11　大金‥‥‥‥‥‥海外からの送金。自分の精神面への投資。お金に関する鋭い直感。

NO.12　若い女性‥‥‥‥「若い女性」が海外に行く。渡航する。外国の地で出来事が起こる。希望に胸が膨らむ。直感力のある人。

NO.13　若い男性‥‥‥‥「若い男性」が海外に行く。渡航する。外国の地

で出来事が起こる。希望に胸が膨らむ。直感力の
ある人。

NO.14 悲しい知らせ ‥‥‥ 海外からの悲しい知らせ。希望のない状況。押し
つぶされるほどの悲しい気持ち。

NO.15 愛の実り ‥‥‥‥ 精神性を重んじた結婚式または宗教婚。海が大好
きな人。前世の恋人。愛が希望を与える。

NO.16 心のうち ‥‥‥‥ 直感。超感覚。自分なりの希望。精神性を大切に
する。

NO.17 贈り物 ‥‥‥‥‥ 直感の才。旅やクルーズの贈り物をされる。贈り
物が受け取った人に希望をもたらす。供物や献金
または申し出。

NO.18 子ども ‥‥‥‥‥ 天才児。サイキック能力や生まれながらの芸術の
才を持った子ども。

NO.19 弔い ‥‥‥‥‥‥ 霊媒能力。天国にいる大切な人。希望の終わり。
精神の死。臨死体験。

NO.20 家 ‥‥‥‥‥‥‥ 精神性の高い家。精神性の高い家族。水辺の家。
海外の別荘。

NO.21 リビング ‥‥‥‥ 神聖な空間。水辺のマンション。マンションに関
して誰かが希望を抱いている。

NO.22 軍人 ‥‥‥‥‥‥ 「軍人」には生まれ持った才能がある。サイキッ
ク能力やある種の芸術的才能かもしれない。

NO.23 法廷 ‥‥‥‥‥‥ 公正な判断を望む。決断する前に瞑想する。自省。

NO.24 盗み ‥‥‥‥‥‥ 希望を失う。見当違いの希望と信頼。霊感詐欺。
宗教詐欺。

NO.25 名誉 ‥‥‥‥‥‥ 精神面の教育。高い直感力。願いや希望が叶う。

NO.26 幸運 ‥‥‥‥‥‥ 精神面の教育。高い直感力。長い間恵まれてい
る。願いや希望が叶う。

NO.27 予期せぬお金 ‥‥‥ 予想外のスピリチュアルな贈り物。財政的な利益
を望む。

NO.28 期待 ‥‥‥‥‥‥ 洞察力のある人。透視能力を持った人。ものごと
を見通す才のある人。わかっている人。

NO.29 牢獄 ‥‥‥‥‥‥ 修道院。日常から離れて自分を見つめる場所。ク

リエイティブな才能の芽を摘む。サイキック能力
にフタをしている。

NO.30　**法律**・・・・・・・・・・サイキック能力でリーディングをする人。セラピ
スト。ヒーラー。宗教指導者。僧。

NO.31　**不調**・・・・・・・・・・回復の望み。体液に関する病気。代替療法。

NO.32　**悲痛**・・・・・・・・・・希望の喪失。宗教や精神性に関して誰かまたは何
かに欺かれる、精神的にうろたえ混乱している。

NO.33　**邪心**・・・・・・・・・・希望の喪失。宗教や精神性に関して誰かまたは何
かに欺かれる、精神的にうろたえ混乱している。

NO.34　**多忙**・・・・・・・・・・秘儀に関わる仕事をしている。サイキック。直感
的。天職。芸術家。

NO.35　**遠路**・・・・・・・・・・海外旅行。移住。精神的な旅。過去生。

THE ART OF KIPPER READING

カードの逆位置

CARD REVERSALS

　キッパー・カードのリーディングでは、私は逆位置を全く考慮しません。カードが逆位置で出たとしても、正位置に戻してリーディングを続けます。キッパー・カードでは36枚のカードから十分な情報を得られ、ストーリーが伝わります。そこに36枚分の別のレイヤーを設ける必要はありません。グラン・タブローやタブローのハウスに加えて逆位置の解釈まで考えるとしたら、どれほどわかりにくくなるだろうと思います。

　タロットでは逆位置が素晴らしい作用を持ちますが、キッパーはそうではありません。タロットをキッパーと結びつけて使いこなせる人もいらっしゃると思いますが、タロットとキッパーはそれぞれ特徴のある別のシステムとして私はとらえています。キッパーの素晴らしさは、その人の抱える悩み、思い、期待、境遇、恋愛面、お金の状況、健康など、相談者の人生を瞬時に切り取って見せてくれるところです。私はキッパー・カードのリーディングを続け、実践を積むごとに、カードのメッセージがはっきりわかるようになりました。皆さんもたくさん練習して腕を磨いてください。

基本の
スリー・カード・スプレッド

BASIC
3-CARD SPREAD

　ある形に並べられたカードをカード・スプレッドと言います。スプレッドのカードのポジションにはそれぞれ意味があり、スプレッドは2枚組のカードからキッパー・カード36枚をすべて使うものまでさまざまなタイプがあります。この章ではカード・スプレッドとスプレッドの使い方について説明します。

　はじめにカードを3枚、5枚、または9枚使う基本のスプレッドを学び、次に壮大なスケールのグラン・タブローというスプレッドについて説明します。スリー・カードのようにカードを左から右に横一列に並べるものは「ストリング（列）」とも呼ばれます。ストリングを使うときは、たいてい質問をひとつにして、はっきりした答えを簡単に得るようにします。答えの核心を示すのはいつも中央のカードで状況を表します。左側のカードはその核心についての説明です。最後に引く右側のカードは、答えや結論を表すと私はとらえています。

　では、わかりやすく例を挙げて説明しましょう。ジャンは離婚し、その後なかなか恋人ができません。そこで誰かの気を引くにはどうしたらよいか、カードにアドバイスを求めることにしました。いつものようにカードをシャッフルし、カットし、ジャンの前に扇状にカードを広げます。そしてハートを表す左手でジャンにカードを3枚引いてもらいます。次の3枚が出ました。

「主役（男性）」　　「子ども」　　　「愛の実り」

　ジャンの質問と合わせて考えると、とても興味深いカードです。私が最初に目を留めたのは、もちろんジャン自身を表す1「主役（男性）」です。このポジションに出ていることから、ジャンの意識は自分の今後に向いていると言えます。18「子ども」と15「愛の実り」は彼の過去を表すポジションに出ており、ジャンがかつて結婚相手と幸せな関係を築いていたこと、ふたりには子どもがいることがわかります。本人の意識は未来に向いていますが「愛の実り」が過去の位置にあるので、新しい恋人を見つける可能性は非常に低いです。ジャンには父親という立場や愛にあふれた過去の関係に対する感情的なしこりが残っているようです。

　彼の今後についてさらに深く見たいと思い、1「主役（男性）」についてのカードをもう一枚引いてもらいました。33「邪心」が出て、カードのメッセージがはっきりしました。ジャンには子どもと前妻に対してやり残したことがあり、それを解決しない限り誰かと真剣な交際をすることはない、とカードは告げていました。33「邪心」は、しっかり前を向き、騒ぎ立てるのをやめて許すようにとジャンに伝えています。ジャンはこの解釈に納得し、浮気をした前妻のことを今も怒っていること、誰かと出会ってもまた同じ目に遭うかもしれないと思ってしまうと認めました。

「邪心」　　　「主役（男性）」　　「子ども」　　　「愛の実り」

ファイブ・カードの
クロス・スプレッド

THE 5-CARD
CROSS SPREAD

　このスプレッドは状況を分析するのに優れています。何が起こっているか、自分の弱点と強みは何かを知るためのヒントを得られます。このスプレッドは質問がはっきりしていなくても使えますし、リーディングのテクニックとしてグラン・タブローでも使います。〈4〉と〈5〉のポジションの意味は相談者を表すカードの向きによって決まり、カードに描かれている人物が顔を向けているほうが未来を、背を向けているほうが過去を表します。〈2〉と〈3〉のポジションの意味は決まっています。クロスの中央の〈1〉のポジションには、シグニフィケイター(訳注14)を置いてもよいです（私は相談者に十字を切る、またはキー・カードに十字を切る(訳注15)と解釈しています）。各ポジションの意味は以下のとおりです。

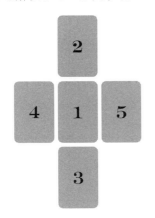

【ポジションの意味】

自分が今いるところ、現時点、質問	1
自分の力の及ばないこと、まだ現実になっていない自分の思い	2
すでに自分にあるもの、実現したこと	3
自分が受け入れるべきこと、過去	4
自分がこれから生み出すもの、未来	5

クロス・スプレッドによる実際のリーディング

　ここではエヴリンのストーリーを例にします。彼女は恋愛の悩みでリーディングに訪れました。先行きが見えずに相当ストレスを抱えていて鬱状態の一歩手前だったので、何らかの導きを必要としていました。

　私は彼女が今どんな状況にあるか、どこに向かっているか、どんなエネルギーが彼女に影響を及ぼしているかをカードに尋ねました。このようなリーディングにはクロス・スプレッドが最適です。いつものように相談者にカードをカットしてもらったら、私がカードを上から5枚取ってクロスの形に並べました。それが以下のカードです。

「不調」

「軍人」　　　　「幸運」

「多忙」

「若い女性」

訳注14 カード占いで相談者を表すカードのこと。
訳注15 カード占いでカードへの質問を表すカードのこと。

✒ 私の解釈 ✒

　中央に34「多忙」があり、エヴリンが恋人との交際に心が落ち着かず、さまざまな思いが交錯していることがわかります。12「若い女性」と34「多忙」を考え合わせると、彼女が今まで楽な恋愛をしてきたこと——気楽な若いお嬢さんだったことが読み取れます。過去の位置に22「軍人」が出ており、今まではエヴリンがいつも相手に対して主導権を握り、自分の好きなようにできて、自分がルールを決め、相手は一切反論せずに従うのが当たり前だったようです。彼女が今抱えている問題の原因は、彼女自身の未熟さのようでした。相手に失礼な態度を取って、お姫様のように振る舞ってきたのでしょう。うんざりした相手はエヴリンに態度を改めてほしいと求めています。思いを表すポジションに31「不調」があるので、ふたりの関係は決してよい雰囲気ではありません。

　問題の核心がわかったので、この状況を改善するためのエヴリンへのアドバイスを探ります。リーディングの目的は、原因を明らかにするだけでなく、相談者が穏やかに過ごせるための具体的なアドバイスを得ることだと私は思います。

　未来のポジションに26「幸運」があるため、良い結果が期待できそうです。「幸運」は天の恵み、感謝、幸運、願いが叶うこと、最善の結果を表し、デッキの中でも最もパワフルなカードです。私はエヴリンに、今の恋愛関係に感謝の気持ちを持ち、お姫様のように相手に一方的に命令するのを止めるべきだと端的に伝えました。そして彼のような恋人に恵まれて自分は幸運である、彼のしてくれることに感謝している、と交際相手に伝えるようアドバイスしました。

　エヴリンは、すべてをコントロールして相手に要求ばかりするのは自分の悪い癖だと認めました。そしてそんな態度を改めてもっとポジティブになると自分自身に約束しました。私はエヴリンに「私はすべてをコントロールしなくてはいけないという思いを手放します。私は自分の恋愛生活に感謝しています」というアファメーションの言葉を伝え、繰り返し唱えるという宿題を出しました。

　半年後、エヴリンは仕事に関するリーディングに訪れ、前回のセッションを受けて交際相手との関係が良くなってうれしいと伝えてくれました。最初はエヴリンの様子に半信半疑だった恋人も、今では彼女が本気で態度を改めたとわかり、とても喜んでくれたそうです。

ナイン・カードの
ボックス・スプレッド

THE 9-CARD
BOX SPREAD

魂から行動すると、自分の中に川が動くのを、喜びを感じる。

——ルーミー

　9枚のカードを使うボックス・スプレッドは、私のお気に入りのひとつです。自分のためのリーディングによく使いますし、私のYouTubeにもこのスプレッドを使ったリーディング動画が山ほどあります。ボックス・スプレッドではカードとカードの関係からたくさんの情報を得られます。さまざまな並べ方や解釈がありますが、私は以下の図の順に並べ、解釈しています。

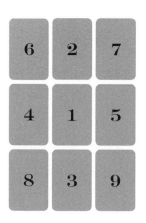

【ポジションの意味】

中心になるカード	1
過去	6、4、8
現在	2、1、3
未来／結果	7、5、9
エネルギー／影響	6、7、8、9
自分の思い／重くのしかかっていること	6、2、7
今向き合っていること	4、1、5
学んだ教訓／コントロール下にあること	8、3、9
間接的な影響	6、1、9と8、1、7
確認	4、2、5、3
答え	5

グラン・タブロー

THE GRAND TABLEAU

　すべてはグラン・タブローにつながります！　グラン・タブローは、フランス語で全体を表す「大きな絵」という意味で、デッキのカード36枚をすべて使うユニークな占い方です。私はグラン・タブローを、人生に多くの導きをもたらすパワフルな魔法の地図ととらえています。

　カードをめくると、その相談者が心に何を抱え、今この瞬間にどんな風景を見ていて、これから何が起こるのかがタブローに表れます。グラン・タブローは、

相談者の前進を阻んでいるもの、何かを実現する邪魔をしている隠れた影響力やパターンに光を当てます。

　グラン・タブローを使うと、恋愛面、財政面、キャリア、健康、精神面、家族など、その人の人生のあらゆる面で何が起こっているかがわかります。一度に複数の質問を聞くことができるので、質問以外の面についても状況を垣間見ることができます。図にすると覚えやすいので、例を挙げてわかりやすく説明しましょう。私は（前頁に示したように）、カードを横に9枚、縦に4枚並べる伝統的な形を使ってリーディングをします。

　このスプレッドでは今までの章で説明してきたテクニックをすべて使います。またグラン・タブローを読み解く手法を7つのキーにまとめて説明します。スプレッドにグラン・タブローを選んだら、カードをシャッフルし、相談者の方に自分の知りたいことに意識を集中してカードをカットしてもらいます。そして、カードを表にして9枚×4枚の形に並べます。

||||||||||||||||||||||||||||||||||||||||||| **注意点** |||||||||||||||||||||||||||||||||||||||||||

　グラン・タブローは上級者向けです。キッパー・カードの初心者はまず基本を学ぶ必要があるので、グラン・タブローから練習を始めないでください。カードの意味や向きを熟知し、小さなスプレッドで実践を積み、カードをよく知るといった基本を身につけておくと、グラン・タブローを使ったときに大いに役立ちます。最初からグラン・タブローを使うとその壮大さに圧倒されて、自分はキッパー・カードに向いていないと思ってしまうでしょう。時間をかけて地道に実践を積めば、キッパーは誰にでも使いこなせます。

|||||||||||||||||||||||||||||||||||||||||||||||||||||||||||||||||||||||||||||||||||||||||||||||||||||||||||||||||||||||||||

　それでは、解き明かしていきましょう！

グラン・タブローを解き明かす 7つのキー

7 KEYS TO UNLOCK THE GRAND TABLEAU

=== 第1のキー ===
グラン・タブローの最初の3枚

最初の3枚はストーリーの幕開けです。この3枚でリーディングのテーマとトーンが決まります。目の前のテーブルでこれから何が繰り広げられるかを表すカードです。

そのため、スリー・カードのリーディングを身につけておくと最初の3枚の解釈に役立ちます。実際にやってみましょう。

　たとえば以下の3枚なら：

「贈り物」　　　「希望、大海」　　　「名誉」

　ストーリーは相談者の夢、願望、強い憧れ、目指しているものについてのようです。リーディングはとてもポジティブな雰囲気で始まりました。相談者の状況に合わせ、質問の内容に沿ってカードの意味を解釈してください。小さなスプレッドが寄り集まって壮大なリーディングになっているのがグラン・タブローです。

　では次のステップに進みましょう。

=== 第2のキー ===
シグニフィケイターの場所

　相談者を表すシグニフィケイターの1「主役（男性）」または2「主役（女性）」がタブローのどこにあるかを確認します。正しくリーディングするため、カードの人物の顔の向きには特に注意しましょう。次の図にわかりやすく示しました。

【相談者が男性の場合】

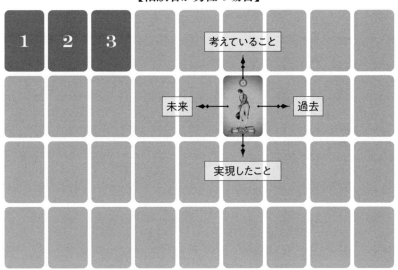

【相談者が女性の場合】

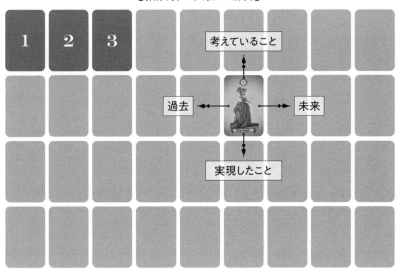

　タブローの中のシグニフィケイターのポジションは貴重なヒントです。一番上の横の列に出ていたら、その相談者は状況をコントロールしており、どう対応すべきかわかっています。一番下に出ていたら、タブロー全体が相談者の肩に重くのしかかっており、相談者が自分の置かれた状況に圧倒されてコントロールを失っている場合が多いです。

【相談者が男性の場合】

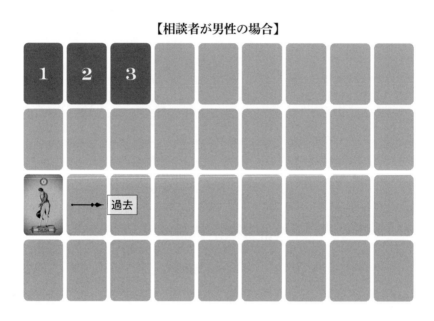

　1「主役（男性）」が一番左の縦の列にあるときは、その男性が人生の新たな門出を迎え、今後を楽しみにしているとわかります。逆に一番右の縦の列にあるときは、男性が人生にひとつの区切りをつけようとしているか、過去にこだわり続けているのでしょう。

【相談者が女性の場合】

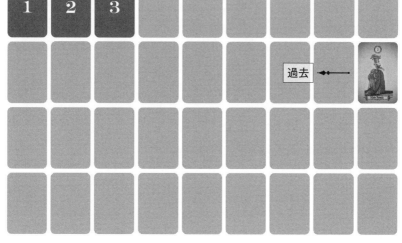

過去 ←————

2「主役（女性）」が一番左の縦の列にあるときは、その相談者の女性はひとつの区切りを迎えていますが、まだその過去に執着しています。右端の縦の列に出るときは新たな門出を迎えて、これからの自分を楽しみにしています。

左端や右端の列にシグニフィケイターがあると、相談者の未来を示すカードがなく、どうしてよいかわからないという読者の方は多いです。もう一度カードを引き直す人や、別の占いで未来を見るという方もいます。カードの出方には意味があるので、私は引き直しません。その相談者には未来が訪れる前に学ぶべき何かがあるのです。

すでに述べたとおりリーディングは人を力づけるためのもので、決まった運命を知るためではありません。また答えを示さないリーディングもありません。リーディングをするときは、自分に聞こえ、感じ、気づき、察したことはすべてリーディングの一部であることを忘れないでください。人は誰もがパワフルな存在で、誰にも直感があります。カードは人の心につながっていて、その心の延長線上にあるだけです。自分を信じると優れたカード・リーダーになれます。

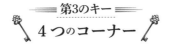

=== 第3のキー ===
4つのコーナー

　私はタブローの四隅を見て、相談者に作用しているエネルギーと力関係を読み解きます。相談者は気づいていないことが多いですが、そこに見られるエネルギーが相談者を取り巻く状況をつくっていることがあります。ポスターや大きなカレンダーを壁に貼るときに四隅を留めるテープのようなものだと思ってください。この段階で、リーディングがどのような方向に進み、何に目を向けるべきかがすでに何となくわかるはずです。ではコーナーに出るカードの意味について、いくつか例を挙げて説明しましょう。

ポジション1：14「悲しい知らせ」
ポジション2：36「希望、大海」
ポジション3：3「結婚」
ポジション4：21「リビング」

　相談者は誰かとトラブルになっており、その相手と膝をつき合わせて解決したいと願っているようです。

ポジション1：1「主役（男性）」
ポジション2：18「子ども」
ポジション3：15「愛の実り」
ポジション4：7「うれしい便り」

相談者が新たな交際を始め、ふたりとも楽しそうです。

ポジション1：35「遠路」
ポジション2：9「変化」
ポジション3：19「弔い」
ポジション4：17「贈り物」

天国にいる大切な人がサインやメッセージを送っているか、相談者のスピリチュアルな才能が目覚めるようです。

ポジション1：32「悲嘆」
ポジション2：24「盗み」
ポジション3：6「マダム」
ポジション4：8「裏切り者」

トラブルの原因は人を操ろうとする年配の女性で、相談者を支えてくれる大切な人を奪ったのはその人かもしれません。

ポジション1：23「法廷」
ポジション2：2「主役（女性）」
ポジション3：28「期待」
ポジション4：30「法律」

相談者は訴訟を抱えていて、自分の担当弁護士が問題を解決してくれることを期待しています。
　または、相談者は中年の女性と裁判になっていて弁護士の介入が必要です。

ポジション1：11「大金」
ポジション2：33「邪心」
ポジション3：25「名誉」
ポジション4：27「予期せぬお金」

自分のしたことが認められ報われることが逆に相談者のストレスになっていて、今起こっていることが信じられないようです。

ポジション１：12「若い女性」

ポジション２：4「出会い」

ポジション３：20「家」

ポジション４：5「ムッシュ」

　女性のためのリーディングなら、年配の男性との出会いがあります。恐らく家族が集まる席でしょう。男性へのリーディングであれば、彼はホームパーティーで若い女性と出会うでしょう。

━━ 第4のキー ━━

シグニフィケイターを囲むカード

　9枚を使うボックス・スプレッドのリーディングが活かされるところです。シグニフィケイターを取り囲むカードをひとつのスプレッドととらえてリーディングします。読み方はナイン・カードのボックス・スプレッドの説明で述べたとおりです。

=== 第5のキー ===
キッパー・ハウス

キッパー・ハウスとは、デッキのすべてのカードを1番から36番まで番号順に横に9枚、縦に4枚に並べたときのカードの位置のことです。

【キッパー・ハウス】

1	2	3	4	5	6	7	8	9
主役（男性）のハウス	主役（女性）のハウス	結婚のハウス	出会いのハウス	ムッシュのハウス	マダムのハウス	うれしい便りのハウス	嘘つきのハウス	変化のハウス
10	11	12	13	14	15	16	17	18
旅のハウス	大金のハウス	若い女性のハウス	若い男性のハウス	悲しい知らせのハウス	愛の実りのハウス	心のうちのハウス	贈り物のハウス	子どものハウス
19	20	21	22	23	24	25	26	27
弔いのハウス	家のハウス	リビングのハウス	軍人のハウス	法廷のハウス	盗みのハウス	名誉のハウス	幸運のハウス	予期せぬお金のハウス
28	29	30	31	32	33	34	35	36
期待のハウス	牢獄のハウス	法律のハウス	不調のハウス	悲痛のハウス	邪心のハウス	多忙のハウス	遠路のハウス	希望・大海のハウス

ハウスの位置は決まっていて変わることはありません。カードはそれぞれのハウスのエネルギーから影響を受けます。たとえば7「うれしい便り」のハウスに17「贈り物」があるときは、びっくりするほどポジティブな知らせやうれしい贈り物を示します。ハウスとはそのカードが自分のものにしている場である、と私はとらえています。1「主役（男性）」が25「名誉」のハウスに出ているときは相談者が自分の研究に忙しい、2「主役（女性）」が20「家」のハウスにあるなら、その女性は家事に忙しい、と解釈します。

2「主役（女性）」が3「結婚」のハウスにあるとしましょう。これは相談者の女性に真剣な交際相手またはプロポーズされた相手がいることを示します。

ハウスの解釈はグラン・タブローのリーディングに深みをもたらします。シグニフィケイターがどのハウスにあるかはとても重要です。その情報が加わること

で細やかなリーディングになるので、シグニフィケイターのハウスに注目してください。またカードがそのカード自体のハウスにあるときは意味が強まります。たとえば29「牢獄」が29番のハウスに出たら、激しい妨害や強大な敵を表しています。

3「結婚」のハウス

2「主役（女性）」のカード

=== 第6のキー ===
ナイティング
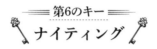

　チェスではナイトの駒は直角を描いてチェス盤の上を進みます（L字型に動きます）。ナイティングとはそのチェスで使うナイトの駒の動きに似たリーディング・テクニックです。あるカードを、その位置からナイトの動きをした先の位置にあるカードと組み合わせて考え、カードからさらに多くの情報を読み解くことができます(図を参考にナイティングの動きを確認してください。Sはシグニフィケイターを表します)。

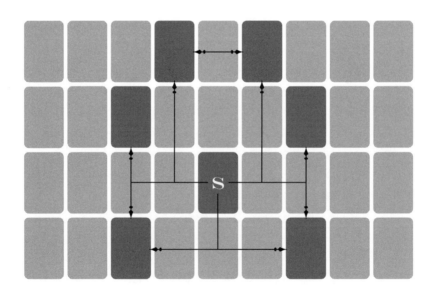

たとえばシグニフィケイターのカードを出発点としてナイティングの手法を使うと、相談者の状況についてさらに詳しくわかります。家族の問題について見通しを深めたいなら家族を象徴する「家」のカードからナイティングすればよいし、仕事についてなら「多忙」のカードを出発点としてナイティングをします。つまりナイティングはどのカードでも行うことができます。ナイティング先のカードの枚数は、タブローの中のシグニフィケイターのポジションによって2枚のこともあれば8枚のこともあります。

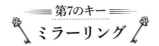

第7のキー
ミラーリング

　ミラーリングのテクニックは、タブローに十分な情報が出ていないと感じたときに重宝します。ただし、すべてのカードでミラーリングをすると逆にわかりにくくなるので、それは行わないでください。ミラーリングはカードが鏡に映った姿です。まず、知りたいトピックを表すカードを選び、スプレッドのどこにあるかを確認します。そしてそのポジションの反対側にあるカードがどれかを確認します。わかりやすく図で示しましょう。

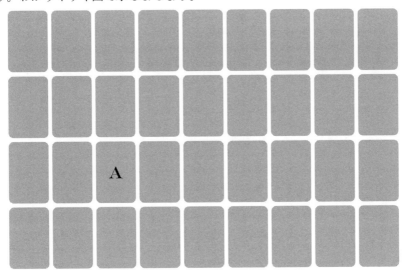

　カードAを見てください。上から横3段目、左から縦3列目にあります。このカードのミラーリング・カードを調べるには、グラン・タブローを縦半分に折り、

次に横半分に折ります。

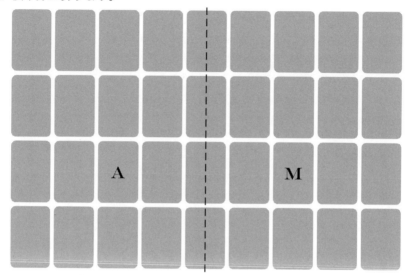

　まずグラン・タブローを縦に半分に折ると、図で示した折り線ができます。A
のポジションにシグニフィケイターまたはキー・カードがあるなら、Mのポジショ
ンにあるのがミラーリング・カードです。Aにあるカードと M にあるカードを
組み合わせてリーディングをします。

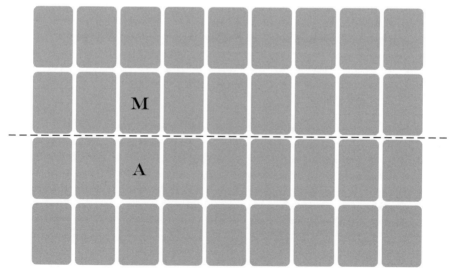

次にグラン・タブローを横半分に折ります。

図で示した折り線ができ、この線をはさんで反対側にあるミラーリング・カードと、先ほどのミラーリング・カードとを合わせた3枚を一緒にリーディングします。

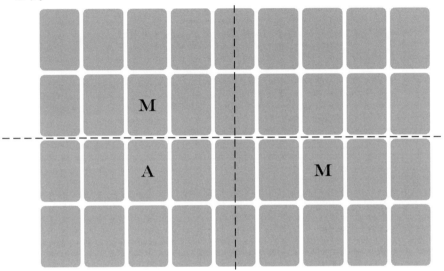

ミラーリングは2枚から4枚のカードの組み合わせになります。ミラーリングが優れているのは、人が隠しておきたいことや相談者自身も気づいていないパターンを明らかにすることです。

グラン・タブローの実践例

THE GRAND TABLEAU IN ACTION

　グラン・タブローの実践例として、私の常連クライアントのひとり、マリー・イヴへのリーディングを紹介します。彼女は私のリーディングを信頼していて、このときは夫のウッガとの関係について悩んでいました。一緒になってから15年以上経過していて男の子と女の子のふたりの子どもがいます。

　この数カ月、夫婦の関係がぎくしゃくしていました。マリー・イヴはどうしてよいかわからず、問題点をはっきりさせるためにリーディングに訪れました。私はカードをシャッフルして彼女に渡し、カードに何を聞きたいかを声に出して言いながらカードをカットするように伝えました。私はいつも相談者の方にカードにさわってもらいます。相談者自身に自分の質問をカードに念じ、リーディングのプロセスに関わり、カードに伝えてもらいたいメッセージをできるだけ明確に言葉にしてもらいます（本書の最後の章で、私のカード浄化法とカードのブレッシング方法を説明しています。明解なリーディングになるし、自分以外の人にカードを触られても不安にならないでしょう）。

　リーディングを始めるにあたって、私は4枚のカードを以下のように設定しました。

12「若い女性」
＝彼女の娘を表す

13「若い男性」
＝彼女の息子を表す

1「主役（男性）」
＝彼女の夫を表す

3「結婚」
＝ふたりの関係を表す

　この例の場合、グラン・タブローにはマリー・イヴの家で何が起こっているか、子どもたち、それぞれの人との親しさ、家族など彼女の状況全体が表れます。以下がそのときのグラン・タブローです。

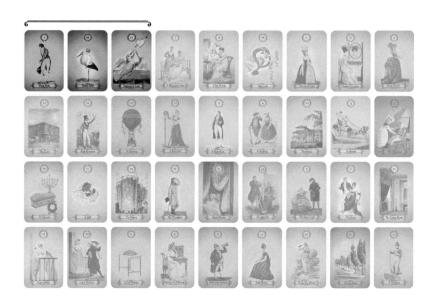

　まずリーディング全体の雰囲気を表すタブローの最初の3枚から見ていきます。ここで出ているのは1「主役（男性）」＋18「子ども」＋15「愛の実り」です。この組み合わせから、彼女の夫が主導権を握っているとわかります。夫を表す1番のカードがタブローの上の列にあり、さらにこのカード自身のハウスの位置に出ていてタブロー全体を取り仕切っています。夫は愛する人と子どもたちに背を向けており、リーディングの雰囲気としてもマリー・イヴにとっても良いとは言えません。

　次にタブローの各コーナーに目を向けます。四隅のカードからは、前頁で述べたことをさらに詳しく読み取ります。グラン・タブローは玉ねぎに似ていて、一枚めくるごとに情報が明らかになり、いずれ芯に到達します。

　ここでは以下のカードが四隅に出ています。

ポジション2：1「主役（男性）」

ポジション3：2「主役（女性）」

ポジション1：28「期待」

ポジション4：22「軍人」

　マリー・イヴ自身を表すカードが四隅のひとつに出ているので、彼女を取り巻くエネルギーが直接彼女に影響を及ぼしているとわかります。また1「主役（男性）」がタブロー全体を支配しているとはっきり出ています。このふたりは互いに背を向けているのでふたりの関係に調和はなく、互いに相手に期待し、それが満たされていません。ウッガはマリー・イヴに荒っぽい態度を取っていますが、彼女は自分には非がないと思っており、それをウッガにわかってもらおうとしています。けれどもウッガは逆に自分の思いをマリー・イヴにわかってもらいたいようです。頭が痛いですね！

この段階で相談者の状況が細かくクリアになり、大切な情報が見えてきます。そこで２「主役（女性)」のリーディングをさらに深めていきます。

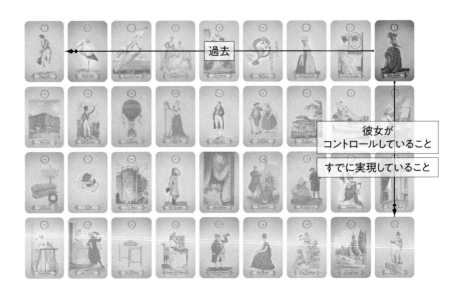

２「主役（女性)」はタブローの一番端に出ています。マリー・イヴには子どもの母親としての過去、かつて愛にあふれていた夫との関係、そして金銭的にも余裕のある日々など、楽しい思い出がたくさんあるとわかります。

マリー・イヴの未来を表すカードは、このタブローには一枚もありません。それは彼女の人生がひとつの時期を終えたけれども、彼女がまだ区切りをつけていないからです。私はここで右端の列に出ている 24「盗み」＋ 21「リビング」＋ 22「軍人」を見て、マリー・イヴが別の男性と関係を持っているのではないかと思いました。リーディングでは 22「軍人」が別の男性を表す場合があり、この３枚にその存在がはっきり出ています。

この例では、相談者を表すカードの周囲すべてをカードが囲んでいないので、ナイン・カードのボックス・スプレッドの手法が使えません。

次に、ハウスのテクニックを使います。

9「変化」のハウス

マリー・イヴを表すカードは 9「変化」のハウス
に出ており、実際の状況と重なってみえます。彼女
は大きな過渡期にあり、ひょっとしたら家を出るか
もしれません。22「軍人」の表している別の男性の
意識の中には、妻への裏切り行為とマリー・イヴと
過ごした親密な時間があるようです（22「軍人」＋
21「リビング」＋24「盗み」＋2「主役（女性）」）。
さらにここでミラーリングの手法を使うと、2「主役
（女性）」と鏡写しの関係にあるのが22「軍人」だと
わかります。マリー・イヴの隠し事や秘密の相手が
グラン・タブローに露わになっています。

リーディングを始めるときに、3「結婚」が彼女の
夫婦関係を表すように設定しました。今度はこのカー
ドからふたりの関係を読み取ります。

　私はボックス・スプレッドを使ってふたりの今後をリーディングしました。3「結婚」は26「幸運」のハウスに出ており、ふたりが素晴らしい関係を築いていたこと、互いに相手に恵まれたと思っていたことがわかります。以前はすべてが良好でした（20「家」＋5「ムッシュ」＋36「希望、大海」）。男性は思いやりにあふれ、ふたりは互いに相手に優しく接していました。　しかし今はふたりとも互いに相手から心が離れ、距離を置こうとしています（9「変化」＋3「結婚」＋35「遠路」）。ふたりの関係に未来はありません。女性は別の男性と浮気をしており、その相手は恐らく制服のある職業の人です。リーディングのはじめに私が感じた疑念がここで確信に変わります。

　ふたりのことだけでリーディングを終えずに子どもたちがこの状況にどう反応するかも知りたかったので、私は12「若い女性」と13「若い男性」がマリー・イヴの子どもたちを表すように設定しておきました。

　この2枚は互いに向き合っていて、子どもたち同士がお互いの慰めになっているようです。男の子は14「悲しい知らせ」のハウスにいて、両親の状況が彼に大きな影響を及ぼしています。マリー・イヴの息子は悲しい知らせが良い知らせに変わり、パパとママが元のように愛し合ってほしいと願っています。この例のように、リーディングが明らかにした内容に強く心を揺さぶられることがあります。子どもが登場する場合は特にそうです。

　逆に娘のほうは、人の心を操ること、嘘、裏切りを見抜いており、両親の関係は良くならないとわかっています。

　男の子のほうが心配なので、息子を表すカードにナイティングの手法を使ってタブローからの具体的なアドバイスを探ります。両親の離婚で自分の世界がすべて崩壊したと感じる子どもは多く、たいてい子どもに大きな影響を及ぼします。

　ナイティングからは、子どもたちがつらい時期を乗り越える上で祖父母が力になってくれることがわかります！

　リーディングの結論をはっきりさせるために、最初と最後のカードに着目します。私にとってこの2枚は物語の本の最初と最後のページのようなものです。36ハウスが判断の決め手となり、別の男性を表す22「軍人」に軍配が上がります。

　このときのリーディングには大いに心が揺さぶられました。カード・リーディングをする人は感受性が鋭く、パラボラアンテナのようにエネルギーの流れをキャッチして相談者や相談内容に登場する人たちの気持ちを感じ取ります。子どもたちのエネルギーの流れは開放的なので、簡単につながります。子どもには裏表がなく、その澄み切った純粋さにふれると私は自分の子どもの頃を思い出します。読者の皆さんもきっと同じではないでしょうか。

キッパーとルノルマンの対応

KIPPER—LENORMAND CORRESPONDENCE

　ルノルマンでリーディングをしたことのある方には、キッパー・カードのリーディングも簡単にできるでしょう。以下はふたつのデッキの対応表です。キッパー・カードがよくわからないうちは手元にあると便利です。ルノルマンと比べてみてください。

ルノルマン	キッパー・カード
騎手（Rider）	13「若い男性」、10「旅」
クローバー（Clover）	27「予期せぬお金」
船（Ship）	35「遠路」、10「旅」、9「変化」
家（House）	21「リビング」
木（Tree）	31「不調」
雲（Clouds）	33「邪心」
蛇（Snake）	8「嘘つき」
棺（Coffin）	32「悲痛」
花束（Bouquet）	17「贈り物」、12「若い女性」
鎌（Scythe）	19「弔い」
鞭（Whip）	32「悲痛」
鳥（Birds）	7「うれしい便り」
子ども（Child）	18「子ども」
キツネ（Fox）	34「多忙」

ルノルマン	キッパー・カード
熊（Bear）	34「多忙」、5「ムッシュ」
星（Stars）	25「名誉」
コウノトリ（Stork）	18「子ども」、9「変化」、6「マダム」
犬（Dog）	13「若い男性」
塔（Tower）	30「法律」、23「法廷」、29「牢獄」、22「軍人」
庭（Garden）	4「出会い」
山（Mountain）	35「遠路」、29「牢獄」
岐路（Crossroad）	35「遠路」
ネズミ（Mice）	31「不調」、24「盗み」
ハート（Heart）	15「愛の実り」
指輪（Ring）	3「結婚」
本（Book）	33「邪心」
手紙（Letter）	7「うれしい便り」
男性（Man）	1「主役（男性）」
女性（Woman）	2「主役（女性）」
百合（Lilies）	5「ムッシュ」、6「マダム」
太陽（Sun）	26「幸運」、11「大金」
月（Moon）	25「名誉」
鍵（Key）	26「幸運」、36「希望、大海」
魚（Fish）	34「多忙」、11「大金」
錨（Anchor）	28「期待」
十字（Cross）	32「悲痛」

キッパーの意味を覚える 3つのステップ

3-STEP FORMULA TO MEMORIZING KIPPER

　キッパー・リーディングは36枚のカードの意味を学ぶことから始まります。皆さんの中にはキーワードを思い出せないかもしれない、リーディング中に頭が真っ白になりそう、と不安になる人もいるでしょう。でもそんな心配はいりません。リラックスして私の暗記法を試してみてください。

══ 説明を理解する ══

　静かな場所で時間をかけてカードの説明を読みます。そして頭の中で意味をかみくだきます。声に出して読むのもとても効果的です。

══ 説明の意味を考える ══

　説明を読んだらそのまま暗記しようとせず、どんな意味かを考えます。その説明が最終的に何を伝えようとしているか、たとえば8「嘘つき」にはどんな動機があるかを考えてみます。そうすることでカードの本当の意味をつかみやすくなり、それぞれ具体的な状況に合わせて理解できるようになります。

═══ 意味を言葉にして書き留める ═══

　説明を読んでじっくり考えたら、自分で意味を説明してみます。シンプルにしてかまわないので、自分が理解したことを自分なりの言葉にして書きます。自分で説明を書くことが学んだことをしっかり吸収するのに役立ちます。

THE ART OF KIPPER READING

間違えやすい 3つのポイント

3 MISTAKES TO AVOID WHEN READING KIPPER

=== 間違い　その1 ===

キッパーカードを「タロットとして使う」

キッパーが伝えるメッセージはキッパー独自のものです。タロットでリーディングするのとは違います。このふたつはそれぞれ別のシステムでアプローチの仕方も異なります。

=== 間違い　その2 ===

何度も同じ質問をする

キッパーの初心者は、一度ではなく、何回も同じ質問を繰り返し尋ねることがあります。カードの返答がよくわからず、デッキが質問の意味を誤解したのではないかと考えます。自分のリーディングに確信が持てないときや、あいまいではっきりしないときは、質問に立ち返りましょう。はっきりした質問にははっきりした答えが返ってくることを覚えておいてください！　頭の中で考えた質問が思ったとおりに口から出てこないこともあります。聞きたいことを紙に書いて目の前に置き、カードをシャッフルしながら読み上げるとよいです。

══ 間違い　その3 ══
追加のカードを次々引く

　スプレッドのメッセージをはっきりさせるために、エクストラ・カードを一枚引くことがあります。そのカードがわからなかったところに光を当てて、リーディングがクリアになります。カード・リーディングを始めたばかりの人には、この追加のカードを自分の望む結果が出るまで引き続ける傾向があります。でもそれは自分に嘘をついているのと同じです！　エクストラで引くカードは一枚までです。そのほうが正確で嘘のないクリアなリーディングになります。

キッパー・カードの 浄化とブレッシング

CLEARING AND BLESSING YOUR KIPPER CARDS

═══ カードを浄化する ═══

　オラクル・カードは感度が高くカード自体がエネルギーを吸収するので、リーディングを行う前に毎回浄化する必要があります。前にリーディングをした人のエネルギーやリーディング内容のエネルギーが次のリーディングに影響しないように、カードの定期的な浄化が欠かせません。浄化するとデッキは中立的な状態に戻ります。カードの浄化にはさまざまな方法があり、どれも効果がありますが、そのすべてが自分に合っているわけではありません。ここでは私が使っているテクニックをいくつか説明しますが、そこからインスピレーションを受けて自分なりの方法をつくるとよいでしょう。自分にしっくりきて自分のニーズや信念に合うものを選んでください。カードをしまっておく箱やポーチも浄化する必要があるので気をつけてください。

═══ 祈りながら意図を定める ═══

　カードにしてもらいたいことをカードに伝えましょう！　カードはあなたの親友です。カードはあなたに耳を傾け、あなたの思いを受け止め、限りない英知をもたらしてくれます。　知りたいことをカードに尋ねればよいだけです。私は祈

りの持つ力を信じています。祈りは特定の宗教のものでなくてよいし、決まった方法でなくてもかまいません。私にとって祈りとは高次の存在とハートとハートで通じ合い、会話を交わすことです。リーディングで伝えてほしいことを何でもカードに聞けばよいのです。私はカードを浄化するとき、よくこう唱えています。

　　神様、私を導くすべてのスピリット・ガイド、そして天使の皆さまへ、あなたの聖なる光からもたらされたもの以外を、すべてこのカードから消し去ってください。お願いします。

カードのブレッシング

　カードに聖なる恵みをもたらすブレッシングにも私は祈りの言葉を使います。カードを手に持ち、聖なる恵みを求めて次のように唱えます。

　　神様、私を導くすべてのスピリット・ガイド、そして天使の皆さまへ、このカードが聖なる導きをもたらすツールとなって、私、相談者、関わりあるすべての人たちに恩恵をもたらしますように。私が集中力を保ち、カードの伝えるメッセージを受け止められるように力をお貸しください。お願いします。

　ブレッシングの象徴として白か赤のキャンドルをカードの隣に灯したり、カードを月明かりに当てたりするのもよいでしょう。カードのブレッシングにはさまざまな方法がありますが、一番シンプルで短いものが一番効果的なので、私はいつも短くてシンプルな方法にしています。

クリスタルとスマッジング

　カードの浄化に、エンジェライト、ラピス・ラズリ、セレスタイン、セレナイト、クリア・クォーツといったクリスタルをいつも使います。と言ってもクリスタルをひとつカードの上に数時間置いておくだけです。

インセンスやホワイト・セージを焚いてカードのスマッジングをするのもキッパー・デッキの浄化とブレッシングになります。古いエネルギーを煙がすべて取り除いてくれて、カードがさわやかにクリアになります

キッパー・カード日誌

月　　　日

質問

カードの導き

MEMO

キッパー・カード日誌

月　　　日

質問

カードの導き

MEMO

キッパー・カード日誌

月　　　日

質 問

カードの導き

MEMO

キッパー・カード日誌

_____月_____日

質 問

カードの導き

MEMO

謝 辞
ACKNOWEDGMENTS

　まず世界中にいる私の生徒とフォロワーの皆さんへ、この本を書くというアイディアは皆さんからいただきました。キッパーについて英語で書かれたはじめての本の著者となり、光栄です。皆さんがいなければこの本は生まれなかったでしょう。ありがとうございました。

　大切な友人や家族へ、いつも私の味方になり、私のアイディアや抱負にうなずき、励ましてくれてありがとう。妻のエリカへ、あなたは14年も根気よく私に寄り添い、私のことをわかってくれるソウルメートです。私と一緒に人生を歩んでくれてありがとう。愛しています。小さな怪獣のラファエルとマチルダへ、君たちがいて本を書くのは簡単ではなかったけれど、ふたりのいない人生など考えられません。あなたたちは私の太陽です。大好きだよ。

　カードをとおしてご自身のストーリーを私に語り、読ませてくれたすべての方へ、皆さんとの出会いに感謝しています。皆さんに出会って恵みを受けているのは私のほうです。皆さんからたくさんのことを学びました。

　ソーシャル・メディアで私をフォローしている皆さん、特に YouTube のチャンネル登録をしている方々へ、皆さんは本当に素晴らしい存在です。フォロワー仲間は増え続けています。皆さんのサポートに感謝しています。

　この本の出版社であるシファー・パブリッシングへ、私のリーディングを世界中に伝えるチャンスをつくり、また私のキッパー・リーディングの技量を信じてくださり、ありがとうございました。

　最後になりましたが、私の天使、スピリット・ガイド、そして先祖にもお礼を言いたいです。私に恵みをもたらし、耳を傾け、オープンでいてくれました。その導きにいつも助けられています。

　　　　　　　メルシー、メルシー、メルシー

訳者あとがき

AFTERWORD
BY THE TRANSLATOR

　読者の皆さまへ、

　マスラックさんの世界にようこそ！

　本書は Alexandre Musruck, *The Art of Kipper Reading: Decoding Powerful Messages*, Red Feather, 2020 の全訳です。

　著者アレクサンドル・ムスラック氏の豊かなリーディング経験とカードリーディングへの深い洞察を皆さまにお届けでき、たいへんうれしく存じます。キッパー・カードの解説書はタロットやルノルマンのように多くはなく、本書のような実用的で優れた一冊を日本に紹介する機会に恵まれ、翻訳者としてとても光栄です。本書のすべてのページにカードリーディングへのマスラックさんの情熱と実践に裏打ちされた知識がきらめいています。キッパーの基本を押さえた上で、それぞれのカードや組み合わせの意味の本質をとらえ、シンプルに説明しているので、経験豊富なリーダーの方にもカード占いはキッパーがはじめてという方にも、キッパー・カードを読み解く実践的なアドバイスになると思います。

　この本を訳してみませんかというお話をいただき、大喜びでお受けしたのには大きく理由がふたつあります。まず著者のマスラックさんが YouTube チャンネルで熱心に活動され、毎日のように彼の発信するメッセージを聞けることでした。YouTube の自動翻訳機能を使って日本語字幕を表示すれば、おおよその意味はわかります（便利な世の中になりましたね）。マスラックさんがさまざまなカードを読み解く映像がたくさん載っているので、本書を越えて広く彼の世界観を知ることができます。またマスラックさんのウェブサイトにはキッパー・カードの

リーディング映像があります。著者自身のリーディング映像を見て改めて本書に触れたら、きっと新たな発見があるでしょう。本書の内容はここに書かれている文章にとどまらず、未来に向かってずっと豊かさを増していくだろうと思います。

　もうひとつの理由は、マスラックさんが本書に加えて自身の解釈によるキッパー・カード・デッキも出版されていること、そしてそのデッキがフランスの香りのするシックで素敵なデザインだったことです（その世界が伝わるように、5番と6番のカードの名称を一般的な「紳士」、「淑女」とせず、あえて「ムッシュ」、「マダム」という表現にしてみました）。マスラックさんは19世紀にドイツで生まれたキッパー・カードをとらえて、「自分はこう思う」という彼の視点、彼の世界をカード・デッキとその解説書という形で具現化しています。人には誰もが自分の視点、自分の世界観があり、究極的にはそれがその人の人生を形づくると思いますが、こんな素敵なデッキをつくったマスラックさんとは、きっと素敵な人で、彼の書いた本もきっと多くの人の心に寄り添うような素敵な本に違いない、と確信したからでした。

　本書はマスラックさんのキッパー・カードの絵柄を使って説明しているので、これからご自分のデッキを買う読者の方はマスラックさんのキッパー・カード・デッキ（Kipper Oracle Cards）を選ぶとよいかもしれません。もちろんほかにも素敵なキッパー・カードがいくつか出版されているので、ぜひご自身にピンとくるデッキをお選びくださいね。カタカナではなくアルファベットの「Kipper Card」で探すと見つけやすいです。

　マスラックさんのサイトとYouTubeチャンネルは以下のとおりです。

アレクサンドル・マスラックさんのウェブサイト
（Alexandre Musruck - Powerful Oracles that yields practical advice）
https://angelcartomancy.com/
YouTubeチャンネル「アレクサンドル・マスラック　オラクルと占い」
（Alexandre Musruck Oracle et Divination）
https://www.youtube.com/@musruckalexandre/featured

　最後になりましたが、今回も編集者の木本万里さんに何から何までお世話になりました。いつも優しい言葉で励ましてくださり、困ったときは絶妙なアイディアを提案してくださり、お陰で何とか翻訳を完成することができました。デザイ

ナーの高岡直子さんは、ヨーロッパの重厚さと南の島の伸びやかさを合わせたデザインをしてくださり、マスラックさんにぴったりの本に仕上がりました。この場をお借りしておふたりに深くお礼を申し上げます。

　キッパー・カードのメッセージを力に、皆さまがさらに心豊かな日々を送られますように……。

リモート・ワークの続くデスクから
水柿 由香

キッパー・カード一覧
KIPPER CARDS

1
主役（男性）

2
主役（女性）

3
結婚

4
出会い

5
ムッシュ

6
マダム

7
うれしい便り

8
嘘つき

9
変化

10
旅

11
大金

12
若い女性

13
若い男性

14
悲しい知らせ

15
愛の実り

16
心のうち

17
贈り物

18
子ども

19
弔い

20
家

21
リビング

22
軍人

23
法廷

24
盗み

25
名誉

26
幸運

27
予期せぬお金

28
期待

29
牢獄

30
法律

31
不調

32
悲痛

33
邪心

34
多忙

35
遠路

36
希望、大海

―――― 著者 ――――

アレクサンドル・マスラック 〔Alexandre Musruck〕

カード占い師、サイキック・リーダー。
「アレクサンドル・マスラック　オラクル＆ディビネーション」（https://www.youtube.com/@musruckalexandre）が人気のユーチューバーでもあり、カード占いを熱心に教えている。キッパー・カードを使って20年以上になる。可愛いふたりの子どもたち、マチルダとラファエルと、最愛の妻でソウルメートのエリカと共に、インド洋に浮かぶリユニオン島（フランスの海外県）に暮らす。
著書に"*The Art of Lenormand Reading: Decoding Powerful Messages*"がある。
キッパー・カード実践動画:https://angelcartomancy.com/kipper-cards/

―――― 訳者 ――――

水柿 由香 〔*Yuka Mizugaki*〕

同時通訳者。専門は広告、マーケティング。
上智大学卒。カンザス大学大学院修士課程修了。
訳書:ベネベル・ウェン著『ホリスティック・タロット──個人的成長のための統合的アプローチ』（伊泉龍一との共訳）、ハンス・ディカズ、トム・モンテ著『数秘術──内なる自分をひらく鍵』（ともにフォーテュナ）。

キッパー・カード入門　🌿 19世紀ドイツのカード占いの世界 🌿

2023年6月20日発行

著　者	アレクサンドル・マスラック
訳　者	水柿 由香
発行者	菊池 隆之
発行所	株式会社フォーテュナ
	〒102-0093
	東京都千代田区平河町2丁目11番2号 平河町グラスゲート2階
	E-mail: staff-fortune@fortu.jp
	http://www.fortu.jp/
発　売	株式会社JRC
	〒101-0051
	東京都千代田区神田神保町1-34　風間ビル1F
	TEL 03(5283)2230　FAX 03(3294)2177
編　集	木本 万里
ブックデザイン	高岡 直子
印刷・製本	シナノ印刷株式会社

― 数秘術は、自分の精神的な気づきを大きく広げてくれる言語である。

A5サイズ／ソフトカバー／360ページ
定価：本体3,000円＋税

数秘術
内なる自分をひらく鍵

ハンス・ディカズ 著　トム・モンテ 共著

水柿 由香 訳

生涯で巡り合うチャンス、課題、学びを、大まかな概略として示す〈ライフ・パス・ナンバー〉、特別な才能や能力を明らかにする〈バース・デイ・ナンバー〉、取り組むべき弱点が映し出される〈チャレンジ・ナンバー〉、個々に秘められた真の可能性を教えてくれる〈エクスプレッション・ナンバー〉、奥深くに抱えている願望、一番大切な夢を表す〈ハートデザイア・ナンバー〉、人に与える第一印象がわかる〈パーソナリティー・ナンバー〉、一生で繰り返される数々の〈サイクルとパターン〉など、人生を取り巻くナンバーの秘密がこの一冊で解き明かされます。

世界的な数秘術師、ハンス・ディカズ氏考案のオリジナル・チャートを掲載。